사람은 누구나 꽃이다

사람은
누구나
꽃이다

도종환 산문집

개정판 작가의 말

내 영혼은 아직도 그 집에 머물고 있습니다.
이 세상에서 가장 좋은 집은 영혼이 성숙하는 집이라고 합니다.
구구산방.
그 산속 황토집은 내 영혼이 성숙하는 집입니다.

이 책의 원고는 그 쓸쓸하고 적막한 집에서 완성했습니다.
그 집에서 나는 혼자 고요하게 책을 읽었고,
나무와 숲이 하는 말에 귀 기울였으며,
별들의 깜빡이는 눈빛과 말하는 법을 배웠습니다.
마음의 어른으로 모실 분들을 만났습니다.
마음의 어른들은 길을 잃은 내게 길을 가르쳐 주셨고,
병든 몸과 마음을 치유해 주셨습니다.
그분들의 말씀을 받아 적은 글들이 이 책에 여러 편 있습니다.
굴참나무들끼리 주고받는 말, 별들의 속삭임,
봄 들꽃과 가을 들국화가 하는 말을 베껴 적은 것도 더러 있습니다.

쓸쓸해서 고요하고, 외로워서 평화롭던 날들은 다시 오지 않을지 모릅니다.
몸이 병들어 마음이 깊어지던 시간은 다시 만나지 못할지 모릅니다.
쓸쓸해지면 마음이 선해진다는 걸 그때 알았습니다.
누군가를 사랑하면 마음이 선해진다는 걸 그때 알았습니다.

제게 이 책이 귀한 이유도 거기 있습니다.
절판되었던 책을 다시 독자들에게 내놓는 이유도 거기 있습니다.
이 책을 다시 만나게 될 여러분 한 분 한 분을 사랑합니다.
여러분 모두 꽃처럼 아름다운 존재이기 때문입니다.

2016년 3월 봄비 내린 날

초판 작가의 말

요즘 나는 몸이 조금 안 좋아 일을 멈추고 잠시 쉬면서 지내고 있다. 몸이 신호를 보내는 데도 이유가 있을 것이라 생각하고 받아들이기로 했다.

이 산속에 와서 나는 나무와 숲과 별과 벌레와 짐승과 우주와 나 자신과 고요와 평화를 다시 만났다.

벽난로에서 참나무 장작이 다 타는 걸 보고 잠들었다가 밤중에 두세 시간이 멀다 하고 잠에서 깨어난다. 지금쯤 별이 얼마나 떴을까 궁금해서다.

잠들 때 별이 많이 안 뜬 날도 깨어 일어나 보면 은하수 곁으로 하얗게 별들이 몰려나와 있는 때가 있다. 오늘 새벽엔 눈썹달 하나가 군청색 하늘 위에 혼자 서늘하게 떠 있었다. 마당에 나와 별을 바라보면서 살고 싶던 오랜 갈증을 채우고 있을 뿐만 아니라 방 안에 누워서도 창 가득한 별을 볼 수 있어서 참 좋다.

스콧 니어링, 헨리 데이비드 소로, 필립 시먼스, 헬레나 노르베리 호지, 퇴계와 고봉, 틱낫한, 달라이 라마, 유영모, 이현주, 금강경, 그리고 이 숲 가득한 자연의 영혼과 만날 수 있어서 좋다.

내 몸이 정지 신호를 보내는 것이 그렇게 고마울 수가 없다.
《수타니파타》에서 가르친 대로 만족할 줄 알며, 너무 많은 것을 구하려 하지 말고, 간소하게 살고자 한다.
피고 지는 꽃 한 송이 한 송이가 다 예쁘듯 나도 구태여 장미가 되려 하지 말고, 내 빛깔과 크기와 향기에 맞는 들꽃이 될 수만 있어도 좋겠다. 아직도 누군가 나를 꽃처럼 기억하고 사랑해준다면 그것만으로도 얼마나 고마운 일인가.

2004년 세초에

차례

개정판 작가의 말 4

초판 작가의 말 6

1

모두가 장미일 필요는 없다

그대 어디 있는가 14

어머니의 동백꽃 17

모두가 장미일 필요는 없다 20

내 취향이 아니라고 미워해도 괜찮은가 23

시드는 꽃을 어떻게 멈춰 세울 수 있는가 26

서툰 사랑의 날들 29

그대 거기 있다고 슬퍼하지 마세요 34

아무도 없는 별에선 그대도 나도 살 수 없다 39

미워하는 일은 사랑하는 일보다 고통스럽다 42

지금 이대로도 괜찮다 45

강물에 띄우는 편지 50

보이지 않는다고 혼자가 아니다 56

누군가를 사랑하면 마음이 선해진다 61

사랑의 불, 바람, 물, 흙 64

따듯하게 안아주세요 67

바람에 띄우는 편지 71

2

잠시
지워져
있으면
좋겠다

나는 다시 강으로 가고 싶다 76

혼자 있어도 혼자 있는 게 아니다 79

인생길에서 한두 시간 늦어진들 어떠랴 83

잠시 지워져 있으면 좋겠다 86

글로 다 표현할 수 없는 것들이 너무나 많다 89

가장 추운 곳에 서 있고 싶은 날 92

내 생애에 몇 번이나 더 있을 것인가 95

잔디밭을 맨발로 걸어보세요 98

어머니, 나의 어머니 103

고요히 있으면 물은 맑아진다 108

나무보살 물보살 111

나무는 생의 절반 가까이를 훌훌 벗어버리고 산다 114

오늘 하지 못한 말 끝내 하지 못하고 말리라 119

행복이란 만족한 삶이다 122

대지에 절해야 한다 126

전쟁터에서도 명상록을 남겼다 129

3

개나리 꽃밭 속에 계신 하느님

칼날을 세우는 동안 숫돌도 몸이 깎여 나간다 134

망가진 액자 137

개나리 꽃밭 속에 하느님이 계신다 140

깊은 깨달음을 주는 글은 쉬운 말로 되어 있다 144

기도를 배우던 시절 147

소리를 알아듣는 사람이 친구다 150

나는 특별히 잘 하는 게 없다 153

큰스님 작은 스님 156

구원은 매일 오는 게 아니다 160

무엇이 가장 괴로운 일일까 163

자족의 나무 166

흔들리지 않고 피는 꽃이 어디 있으랴 170

범종 밑의 항아리 176

우리의 운명은 어디에 어떻게 예비되어 있는가 180

하느님은 내가 원하는 것을 다 주셨다 183

노을빛 치마를 보낸 뜻은 무엇일까 187

4

여백이 있는 사람이 아름답다

간소하게 사는 일이 왜 이리 어려울까 194

여백이 있는 풍경이 아름답다 199

좀 더 적극적으로 느리게 살기 202

윤회하는 나무들 208

멈출 때가 되었다 215

가장 부러운 좌우명 219

무섭지 않으세요? 222

파도 한가운데로 배를 몰고 들어가라 226

싫어하는 사람에게도 신세 지는 때가 있다 229

엄마 딸이어서 행복했어요 232

생명의 무게 235

내 행복 남의 불행 240

나에게 함부로 대하는 사람 243

그대에게 나는 지금 먼산이요 246

짐승에게도 배울 게 있다 250

좋은 사람, 도종환_김용택의 글 254

1
모두가 장미일 필요는 없다

그대
어디 있는가

　벼를 거두고 난 논에서 마른 볏짚 냄새가 난다. 깨를 다 털고 났는데도 밭에 쌓아둔 깻단에서 고소한 냄새가 번져온다. 이렇게 짙은 국화향기는 어디서 나는 걸까. 이 근처 어디에 들국화가 피어 있나 보다 생각하며 주위를 둘러보니 아니나 다를까 노란 애기 들국화가 다복다복 모여 피어 있다. 그대 있는 곳에는 지금 무슨 향기가 나는가. 골목길을 터벅터벅 걷고 있을 그대는 이 저녁 무슨 향기를 맡고 있을까. 그대가 사랑하는 이는 오늘 하루 무슨 향기를 기억하고 있을까. 향기도 냄새도 전혀 맡을 수 없는 것들만을 만지며 또 하루를 보내고 있지는 않은가.
　저녁노을 곱게 드리운 분홍빛 하늘 위로 몇 마리 물오리들이 나란히 날아가고 있는 게 보인다. 한 식구인지 일고여덟 마리의 오리들이 함께 머물 곳을 찾아 날아가고 있다. 억새풀들이 하얀 머리칼을 날리며, 사는 게 이렇게 조금은 쓸쓸한 일이라고 말하는 듯 빈 들을 바라보고 있는 뒷모습이 보인다. 그대 있는 도시의 건물들 사이로는 무엇이 보이는가. 사람의 숲에 갇혀 하늘도 노을도 보지 못하고 있는 것은 아닌가. 그대 사랑하는 이는, 이 세상 어떤 눈썹보다도 곱게 그린 초저녁달이 미리 나와 저녁 하늘에 걸려 있는 것을 보았을까. 벽에 갇혀 가상의 공간에서 보여주는 그림만 보고 있는 것은 아닐까.

나뭇잎이 바람에 몸을 씻으며 서로를 위로하는 소리가 들린다. 먼저 지상에 내린 플라타너스 잎이 가벼워진 몸을 끌고 가며 이 지상에 남기는 마지막 목소리가 들린다. 개울물이 자갈돌을 만나 모난 곳을 버리라고 말하며 아래로 아래로 흘러가는 소리가 들린다. 그대는 지금 무슨 소리를 듣고 있는가. 들어서 마음이 평온해지는 소리를 듣고 있는가. 차라리 귀를 막고 싶은 소리들 속에 묻혀 지친 모습으로 고개를 숙이고 있지는 않은가. 그대가 사랑하는 이는 무슨 소리를 가까이하며 살고 있는가. 그대 사랑하는 이에게 익숙해져 있는 소리는 당신의 마음을 편하게 하는 소리인가 아니면 얼굴을 찌푸리게 하는 소리인가.

국화 잎을 만졌더니 손에서 국화냄새가 난다. 과꽃봉오리를 손가락으로 쓸어보았더니 진한 보라색 자주색 과꽃빛이 물들 것 같다. 느티나무 잎에서는 느티나무를 사랑하던 바람 소리가 느껴지고 갈참나무 등걸에서는 세월의 두께가 만져진다. 그대 손에는 지금 무엇이 들려 있는가. 무얼 꼭 잡고 있는가. 딱딱한 물건이나 짐승의 가죽은 아닌가. 금속성의 그 어떤 것이 들려 있다면 그걸 가만히 내려놓아 보면 어떨까.

그대 사랑하는 이도 차갑고 싸늘한 것들을 만지며 살고 있지는 않는가. 그리하여 싸늘한 것에 익숙하고 경직된 것을 편안하게 여기며 목소리에 금속성이 배어 나오는 것은 아닐까.

그대 부디 삭막한 곳을 지나더라도 마른 꽃향기를 만나기를. 회색 콘크리트를 덮은 담쟁이 잎을 찾아보고, 가슴 적시는 악기소리에 잠시 젖어 있기를. 보도블록 위에 떨어진 나뭇잎 하나라도 손에 주워 들고 걸어가기를.

어머니의
동백꽃

"물을 제때에 안 줘서 꽃이 영 시원찮네."

뇌경색으로 쓰러져서 병원에 입원해 계시다 집으로 돌아오신 어머니는 동백꽃이 제대로 피지 않은 걸 먼저 걱정하신다. 우리 집 동백은 꽃이 화려하지도 않고 꽃 빛깔이 짙은 것도 아니며 꽃봉오리가 크고 탐스럽지도 않다. 그래도 어머니는 해마다 봄이 오기 전에 미리 피는 이 연분홍 동백꽃을 애지중지하신다. 우리 애들이 어릴 때부터 키우셨으니까 한 십오 년쯤 되었다. 여러 차례 이사를 다니는 동안에도 어머니는 이 동백나무를 버리지 않으셨다.

어머니가 쓰러지셔서 식구들 모두가 정신이 없었기 때문에 어머니가 가꾸는 나무나 꽃에 소홀할 수밖에 없었던 건 사실이지만, 여느 해에도 우리 집 동백은 그렇게 화려하게 피는 꽃이 아니다. 그러나 화려하든 화려하지 않든 동백나무를 향한 어머니 마음은 한결같다. 한결같이 소중하게 여기신다. 일여지심(一如之心)이다.

 어머니의 마음은 꽃나무에게만 그런 게 아니다. 자식 사랑도 그렇다. 자식이 어떤 경우를 당해도 늘 자식 편이다. 훌륭하건 훌륭하지 않건 잘되었건 잘되지 못하였건 그런 걸 떠나 한결같다.
 우리는 모두 특별한 사랑을 꿈꾼다. 특별한 사람을 만나 특별한 사랑을 하기를 꿈꾼다. 나를 특별히 사랑해주는 사람이 나타나기를 바란다. 그러나 특별한 사랑은 특별한 사람을 만나서 이루어지는 게 아니라 보통의 사람을 만나 그를 특별히 사랑하면서 이루어지는 것임을 어머니에게서 배운다.
 어머니가 키우는 동백은 눈 속에서 피는 오동도의 동백꽃처럼 강렬한 아름다움을 지니지 못했고, 선운사의 동백처럼 처연한 비장미로 마음을 사로잡지는 못해도 평범한 꽃이 어떻게 특별한 꽃이 되는가를 가르쳐준다. 그래서 우리 집 동백도 늘 일여지심으로 핀다. 남들이 곱다고 하든 말든 늘 때가 되면 그 모습 그 빛깔로 꽃을 피운다. 가뭄이 들면 가뭄이 드는 대로 기온이 떨어지면 기온이 떨어진 대로 그만큼의 꽃을 피운다. 부족하면 부족한 대로 좀 작으면 작은 대로 해마다 꽃을 피운다. '올해는 이렇게밖에 꽃을 피우지 못했지만 저로서는 최선을 다했습니다.' 그런 자세로 꽃을 피운다.

"당신이 바라고 기대하는 모습을 사랑하려 하지 말고, 있는 그대로의 나를 사랑해줘."

"당신이 선망하는 당신 마음속, 사랑의 아키타이프를 내게서 찾으려다 실망하여 돌아서지 말고 당신과 다른 나를 존중하고 부족한 나를 있는 그대로 받아들여줘. 그게 진정한 사랑이야."

"그래야 나도 부족한 모습 속에 숨어 있는 아름다움, 모자라고 흠이 있는 모습 속에 들어 있는 당신의 좋은 점을 발견하며 있는 그대로의 당신을 사랑할 수 있잖아!"

동백꽃은 우리에게 그렇게 가르친다.

모두가
장미일 필요는
없다

장미꽃은 누가 뭐래도 아름답다. 붉고 매끄러운 장미의 살결, 은은하게 적셔오는 달디단 향기, 겉꽃잎과 속꽃잎이 서로 겹치면서 만들어내는 매혹적인 자태, 여왕의 직위를 붙여도 정말 손색이 없는 꽃이다. 가장 많이 사랑받는 꽃이면서도 제 스스로 지키는 기품이 있다.

그러나 모든 꽃이 장미일 필요는 없다. 모든 꽃이 장미처럼 되려고 애를 쓰거나 장미처럼 생기지 않았다고 실망해서도 안 된다. 나는 내 빛깔과 향기와 내 모습에 어울리는 아름다움을 가꾸는 일이 더 중요하다.

어차피 나는 장미로 태어나지 않고 코스모스로 태어난 것이다. 그러면 가녀린 내 꽃대에 어울리는 소박한 아름다움을 장점으로 만드는 일이 중요하다. 욕심 부리지 않는 순한 내 빛깔을 개성으로 삼는 일이 먼저이어야 한다. 남들에게서는 발견할 수 없는 내 모습, 내 연한 심성을 기다리며 찾는 사람이 반드시 있기 때문이다.

어찌하여 장미는 해마다 수없이 많은 꽃을 피우는데 나는 몇 해가 지나야 겨우 한 번 꽃을 피울까 말까 하는 난초로 태어났을까 하고 자책할 필요가 없다. 나는 장미처럼 화사한 꽃을 지니지 못하지만 장미처럼 쉽게 지고 마는 꽃이 아니지 않은가. 나는 장미처럼 나를 지킬 가시 같은 것도 지니지 못했지만 연약하게 휘어지는 잎과 그 잎의 담백한 빛깔로 나를 지키지 않는가. 지금 장미를 사랑하는 사람의 숫자가 물론 더 많지만 더 오랜 세월 동안 사랑받아온 꽃이 아닌가. 화려함은 없어도 변치 않는 마음이 있지 않은가. 그래서 사랑받고 있지 않은가.

나는 도시의 사무실 세련된 탁자 위에 찬탄의 소리를 들으며 앉아 있는 장미가 아니라 산골마을 어느 초라한 집 뜨락에서 봉숭아가 되어 비바람을 맞으며 피어 있을까 하고 자학할 필요가 없다. 나는 장미처럼 붉고 짙으면서도 반짝반짝 빛나는 아름다운 빛깔을 갖고 태어나지 못하고 별로 내세울 것도 없는 붉은빛이나 연보랏빛의 촌스러운 얼굴빛을 갖고 태어났을까 하고 원망할 필요가 없다. 봉숭아꽃인 나를 사랑하는 사람은 내 빛깔을 자기 몸속에 함께 지니고 싶어 내 꽃과 잎을 자기 손가락에 붉게 물들여 지니려 하지 않는가. 자기 손가락을 내 빛깔로 물들여놓고 바라보면서 사랑하는 사람을 생각하고 또 생각할 만큼 장미는 사랑받고 있을까. 장미의 빛깔은 아름다우나 바라보기에 좋은 아름다움이지 봉숭아꽃처럼 꽃과 내가 하나 되도록 품어주는 아름다움은 아니지 않은가.

　장미는 아름답다. 그 옆에 서 보고 싶고, 그 옆에 서서 장미 때문에 나도 더 황홀해지고 싶다. 너무 아름답기 때문에 시기심도 생기고 그가 장미처럼 태어났다는 걸 생각하면 은근히 질투도 난다. 그러나 모든 사람이 장미일 필요는 없다. 나는 나대로, 내 사랑하는 사람은 그 사람대로 산국화이어도 좋고 나리꽃이어도 좋은 것이다. 아니, 달맞이꽃이면 또 어떤가.

내 취향이 아니라고
미워해도 괜찮은가

    박태기나무는 내가 싫어하는 꽃나무다.
    꽃빛깔도 나무의 자태도 마음에 안 든다. 가지를 뻗고 있는 모양만 보면 배롱나무의 품새 비슷한데 가까이 가보면 어림도 없다. 나무껍질이 거칠고 성글어 비교가 안 된다. 아기자기한 맛도 귀엽고 앙증스러운 느낌도 들지 않는 무미건조한 꽃을 벌겋게 매달고 있는 나무다. 꽃술 하나의 모양은 아카시아꽃이나 콩꽃처럼 생겼으나 향기도 없고 열매를 가져다주는 것도 아니다. 산수유나 개나리처럼 겨울을 이기고 제일 먼저 봄소식을 알려주는 꽃도 아니고, 봄꽃들이 여기저기 흐드러지게 피어 사람들의 사랑을 다 받고 난 뒤에 조심조심 눈치를 보며 피는 꽃이다. 그래서 그런지 봄 뜨락에 심겨 있는 나무 중에 제일 눈길이 안 가는 나무다.

　백목련이나 자목련처럼 기품 있는 자태를 지니지도 못했다. 빛깔은 진달래나 복숭아꽃보다 진한데 끌리는 데가 없는 진분홍빛이다. 진달래 같은 살가움도 복숭아꽃 같은 정겨움도 모과꽃 같은 소박함도 살구꽃 같은 여리고 해사한 아름다움도 찾을 수 없다. 봄이 찾아와서 매년 아름다운 꽃이 다투어 피고 질 때마다 나는 박태기나무를 보며 저런 꽃을 누가 좋아할까 생각을 했다. 그야말로 이제까지 한 번도 사랑을 주지 않은 꽃이다.

　그런데 올해 교정에 피어 있는 박태기나무를 바라보다 문득 그런 생각이 들었다. 내 취향에 맞지 않는다고 미워해도 괜찮은가. 내가 좋아한다는 이유로 무조건 아름다운 꽃이라 칭찬하고 내 마음에 들지 않는다는 단지 그 이유만으로 미워하는 것이 옳은가. 박태기나무가 내게 잘못한 것이 있었던가. 없었다. 내게 해를 끼친 적이 있었던가. 없었다. 내게 나쁜 기억을 심어준 어떤 사연이 있었던가. 그렇지 않았다. 내게 아무런 이익도 열매도 결실도 가져다주지 않기 때문인가. 그건 아닌 것 같다. 꽃이란 이익을 주고 안 주고가 아니라 거기 그렇게 피어 있는 것만으로도 좋아할 만하지 않은가.

　라일락이나 아카시아꽃처럼 향기가 없어서인가. 향기가 없어서 그러는 것이라면 목련도 향기 없기는 마찬가지다. 모양이 아름답지 않아서인가. 그렇다면 개나리도 큰 차이가 없다. 이건 단지 내 취향의 문제일 뿐인 것이다. 그냥 내 맘에 들지 않는다는 이유만으로 싫어하는 것이다.

꽃나무 한 그루를 그렇게 대하는데 살면서 자의적인 판단만으로 이유 없이 남을 미워하고 비난하고 멀리한 적은 얼마나 많을 것인가. 내가 좋아하는 유형과 빛깔과 향기가 다르다고 해서 미워한 건 얼마나 많을 것인가. 함부로 판단하고 선입견을 가지고 대한 날은 얼마나 많을 것인가.

자기 스스로는 생명의 환한 꽃다발이 되어 우리 앞에 서 있는 꽃나무 한 그루도 그렇게 편견을 갖고 대해 왔으니.

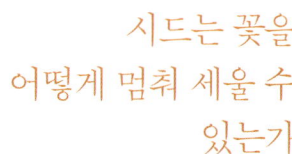

시드는 꽃을 어떻게 멈춰 세울 수 있는가

길을 나서려니 갑자기 거리가 휑해진 느낌이 드는 날이 있다. 나뭇잎은 하나도 남기지 않고 사라지고 없고 가로수 빈 가지 사이로 먼 산의 풍경들이 다 건너다보이는 그런 날. 그래, 지난밤의 바람이 얼마나 거셌는지 알겠구나. 나무들이 얼마나 견디기 힘들었겠는지 알 것 같구나, 그런 생각이 드는 아침이 있다. 들에는 잔설이 깔리고 개울에는 살얼음이 얼어 이제 가을은 영영 사라지고 말았구나, 그런 생각이 드는 아침. 눈앞에 시간이 이렇게 가고 있는 걸 바라보면서도 가는 세월을 손으로는 붙잡을 수 없어 그저 망연히 바라볼 수밖에 없는 아침이 있다.

> 피할 수 없는 이별이 가까이 다가옴을 정녕 알면서도
> 왜 그녀는 그렇게도 선뜻 오고 마는 걸까.

데이비드 허버트 로렌스가 겨울을 그렇게 노래했듯이 피할 수 없는 이별의 시간이 다가오는 것을 알면서도 그저 속절없이 바라보고 있어야 하는 때가 있다. 아무리 몸부림쳐도 이미 늦어버린 인연, 그 다해가는 인연의 시간을 눈으로 바라보면서도 손으로 잡을 수 없는 날이 있다. 손으로 잡을 수 없어 억장이 무너지는 저녁이 있다.

시드는 꽃을 어떻게 멈춰 세울 수 있는가. 흐르는 강물을 어떻게 붙잡아둘 수 있는가. 지는 저녁 해를 어떻게 거기 붙잡아 매둘 수 있는가. 가는 걸 알면서도 어떻게 할 수 없는 것들이 주위에는 많다. 날아가는 새를 날아가던 모습으로 간직하고 싶어 우리가 만들어낸 것이 겨우 박제에 지나지 않고, 지는 꽃을 가장 아름답게 꽃피던 모습으로 멈춰 세운 것이 조화인 것을 우리는 안다. 하늘을 잃어버린 새와 향기가 없는 꽃을 만든 것, 거기까지가 우리의 한계임을 우리는 알고 있다.

분명히 사랑한다고 말했는데 사랑한다고 말한 그 사람도 없고 사랑도 없다. 분명히 둘이 서로 뜨겁게 사랑했는데 그 뜨겁던 사랑은 간 데가 없다. 사랑이 어떻게 사라지고 만 것인지 골똘히 생각하는 시간에도 사랑하는 사람은 점점 내 곁에서 멀어져가고 사랑도 빛을

잃어간다. 시간 속에 영원히 살아 있는 것은 없으며 낡고 때묻고 시들지 않는 것은 없다. 시간의 강가에 영원히 붙잡아둘 수 있는 나룻배도 없으며, 강물처럼 흐르는 시간을 묶어둘 수 있는 어떤 밧줄도 없다.

  세월의 달력 한 장을 찢으며 이렇게 또 나이를 먹는구나 하고 자신의 나이를 헤아려 보는 날이 있다. 벌써 내가 이런 나이가 되다니 하고 혼자 중얼거리는 날이 있다. 얼핏 스치는, 감출 수 없는 주름 하나를 바라보며 거울에서 눈을 돌리는 때가 있다. 나도 조금씩 모습이 달라지는구나 하고 느끼는 날이 있다. 사실 가장 많이 변한 건 바로 나 자신인데 그걸 늦게서야 깨닫는 날이 있다. 살면서 가장 잡을 수 없는 것 중에 하나가 바로 나 자신이었음을 그동안 우리는 모르고 있었다. 붙잡아두지 못해 속절없이 바라보고 있어야 했던 것, 흘러가고 변해가는 것을 그저 망연히 바라보고 있어야 했던 것이 바로 나 자신이었음을.

서문
사랑의 날들

  모과나무가 딱딱한 껍질을 뚫고 일제히 연둣빛 새순을 내미는 아침, 그걸 지켜보고 있던 산수유나무가 터질 듯한 박수를 보내는 듯 몸을 흔들고 있다. 몸 전체가 하나의 노오란 꽃다발이 되어 모과나무를 향해 서 있다. 할 수만 있다면 한 개의 거대한 꽃다발이 되어 있는 산수유나무를 나도 누군가에게 바치고 싶다. 이 눈부신 꽃나무 한 그루를 통째로 사랑하는 사람에게 가져다주고 싶다. 사랑이란 그런 것이다. 내가 가장 아름답다고 느끼는 그것을 그에게 주고 싶은 것, 그것이 사랑이다.
  그때가 아마 고등학교 2, 3학년 무렵이었던 것 같다. 사랑채에 새로 이사 온 사람들이 있었는데, 그중에 우리 나이쯤 되어 보이는 여학생이 있었다. 나중에 알고 보니 학년도 우리와 같았다. 그 여학생은 별로 말이 없었다. 얼굴이 그렇게 예쁜 것도 아니고 그저 수수하고 평범했다. 그런데 언제부턴가 학교를 그만두고 극장 매표소에서 일을 한다는 것이었다. 그 집은 우리 집보다 더 가난했다.

나는 밤이 이슥해지면 하천 둑에 나가 앉아서 그녀를 기다렸다. 극장 일이 다 끝나고 둑을 걸어오는 그녀의 발소리를 늦도록 기다렸다. 그러다 어느 날 내가 먼저 말을 건넸다.

"지금 오세요?"

"누구…… 네?"

"힘드시죠?"

"아니요."

"우리 걸으면서 얘기 좀 해요."

"무슨……."

"그냥요."

"……."

그랬다. 묻는 말에 "예" 또는 "아니요" 외에는 별로 하는 말이 없었다. 둑에 앉아 흘러가는 검은 물줄기를 바라보며, 함께 떠 흘러가는 도시의 불빛 몇 조각을 바라보며 서로 말이 없었다. 그렇게 우리는 하천 둑에 앉아 있었다. 손을 잡아 본다거나 사랑한다는 고백을 한다거나 하는 일은 꿈도 꾸지 못하고 그저 그렇게 앉아 있다가 "저 들어가 봐야 해요. 엄마가 기다려요."

그러면 "아, 예." 그러고는 한참을 더 앉아 공연히 흙 위에 무어라고 쓰다가 나도 집으로 들어왔다. 아침에 세수를 하러 마당에 나왔다가 마주치면 서로 모른 체했다. 다른 데를 쳐다보거나 얼른 일을 끝내고 자기 방으로 들어갔다.

어떤 날은 낮에 극장 주위를 서성거리거나 사람은 안 보이고 손만 보이는 매표소 앞을 기웃거리다가 올 때도 있었다. 그렇다고 큰맘 먹고 영화표를 사서 극장 안으로 들어가 이야기를 나눈다거나 하는 일은 그저 상상 속에서 머물다 말 뿐 극장 안으로 들어갈 만한 경제적 여유조차 내게는 없었다.

좋아하고, 마음이 끌리고, 이야기를 나누고 싶고, 함께 있고 싶고, 그래서 주위를 맴돌지만 만나면 무슨 말을 할 건지조차 준비되어 있지 않았다. 고등학교 시절에 읽었던 솔제니친의 《이반 데니소비치의 하루》나 카뮈의 《이방인》 등에 대한 이야기를 나눈 기억이 없는 걸 보니 그저 말없이 흘러가는 물을 보며 앉아 있었던 것 같다.

좋아하는 마음은 있으면서 그것을 표현할 아무런 준비가 되어 있지 않은 채 다가가는 미숙한 사랑, 마음은 온종일 개울물 소리를 내며 출렁이건만 그 출렁거리는 소리의 십 분의 일, 이십 분의 일도 전달하지 못하는 서투름, 그래서 풋풋하고 순수하면서도 끝내는 이루어지지 못하는 것이 첫사랑이 아닌가 싶다. 그러다가 우리가 청주로 이사를 나오면서 그만 헤어져야 했고, 영영 소식을 알 수 없게 되고 말았다.

나이가 더 들어서 대학생이 된 뒤에도 나는 사랑의 마음을 표현하는 방법을 잘 몰랐다. 직접 표현하지 않고 우회적으로 전달되기를 바라며 앙드레 지드와 헤르만 헤세와 라이너 마리아 릴케의 글에 대한 이야기만 잔뜩 써서 편지를 보내곤 했다.

봄바람에 흔들리는 모과나무 가지 위의 새순처럼 말없이 마음을 내보이고 그냥 그렇게 있었다. 어떻게 보면 참 답답해 보이는 사랑을 했지만 그렇게 기다렸다. 그래서 한 번 사랑을 하면 오래오래 사랑하였고, 한 번 상처를 받으면 잘 지워지지 않았다. 요즘 젊은이들처럼 마음을 잘 표현하지도 못했고, 가볍게 만나고 쉽게 갈라서며 금방 다른 사람을 찾아가는 연애를 하면 헤픈 사람이란 선입견을 가지고 있었다.

만약 그 여자를 다시 만날 수 있다면 이른 봄에 피는 가장 풋풋한 꽃들로 만든 꽃다발을 한 아름 선물하고 싶다. 그리고 할 수만 있다면 꼭 한 번 같이 영화 구경을 가고 싶다.

그대 거기 있다고
슬퍼하지 마세요

그대 거기 있다고 슬퍼하지 마세요.

나리꽃은 거기 있어도 여름이 오면 얼마나 아름답게 꽃핍니까. 잡풀 우거지고 보아주는 이 없어도 주홍빛 꽃 한 송이 거기 있음으로 해서 사람들이 비탈지고 그늘진 그곳을 아름답다고 생각합니다.

고개를 넘고 물을 건너야 닿을 수 있는 먼 곳에 가 있다 해도 그대가 거기 있음으로 해서 궁벽지고 험한 그곳에 사람 사는 정겨움이 감돈다면 그대는 얼마나 고마운 사람입니까. 겨우 이런 곳에 있어야 한단 말인가 생각하지 마세요. 당신이 거기 있다는 것 하나만으로도 기뻐하고 대견스러워하는 사람들이 곁에 있다는 걸 잊지 마세요.

그대 거기 있다고 실망하지 마세요.

낮은 곳에 있어도 구절초는 가을이 되면 얼마나 곱게 핍니까. 외진 골짜기나 산비탈에 옹기종기 모여 살고 있어도 함께 모여 이룬 가을 풍경이 얼마나 사람들을 평화롭고 고즈넉하게 만듭니까. 언제까지 이렇게 힘든 일을 하며, 언제까지 이렇게 비천한 자리에 있어야 하나 생각하지 마세요. 그대로 인하여 그대가 있는 곳이 든든한 자태로 서 있는 것입니다.

언제까지 이렇게 찬바람 부는 낮은 자리를 지키고 있어야 하나 생각하지 마세요. 가장 훌륭한 사람은 가장 낮은 곳에 있는 사람입니다. 가장 힘든 일에 몸을 던지는 사람이 가장 당당할 수 있는 사람입니다. 가장 어려운 일을 하는 사람이 가장 강한 사람입니다. 그대로 인하여 그대가 있는 곳이 우뚝 설 수 있습니다. 성벽의 맨 밑에 있는 돌은 얼굴을 찡그리지 않습니다. 그 자체가 성곽이기 때문입니다.

그대 거기 있다고 스스로를 미워하지 마세요.

외딴 늪도 자기 스스로를 깊이 사랑합니다. 그대가 거기 있음으로 해서 보이지 않는 도움을 주고 있는 것들이 얼마나 많습니까. 사람들의 발길이 닿지 않는 숲 속에 샘 하나가 거기 있다는 것만으로도 얼마나 많은 생명들이 기뻐하며 목숨을 이어 가는지 생각해보세요. 얼마나 많은 잠자리, 나비, 반딧불이들이 기뻐하고 얼마나 많은 생명의 환호성이 샘 근처에서 울려나오는지 아십니까. 지나가던 철새들이 내려와 날개를 쉬며 얼마나 고마워하는지 아십니까.

그대 거기 있다고 스스로를 괴롭히거나 학대하지 마세요.
그대는 좋은 점을 참 많이 가지고 있는 사람입니다. 자신의 장점을 사랑하세요. 아직도 당신이 베풀 수 있는 것은 많습니다. 그대가 능력이 부족해서 거기 있는 것이 아니라 그곳에서 해야 할 일이 있기 때문에 거기 있는 것입니다. 언젠가 그 일이 당신의 생애에 자부심으로 남게 될 것입니다.

그대 거기 있다고 자기 스스로를 하찮게 생각하지 마세요.
개울물은 거기 있음으로 해서 강물의 핏줄이 됩니다. 그대도 거기 있음으로 해서 바다같이 크고 웅장한 것의 실핏줄을 이루고 빈틈없는 그물코가 됩니다. 그대가 하는 일이 다른 사람의 주목을 받지 못해서, 해도 그만이고 안 해도 표시가 나지 않는 일이라고 생각하지 마세요. 그물코는 한 곳만 끊겨 나가도 그리로 모든 것이 빠져 달아납니다.
그대가 거기 있음으로 해서 크고 완전한 것이 존재하는 겁니다. 거대한 바닷물도 작은 물방울들이 모여서 이룬 것입니다. 여원 개울물 한줄기야말로 강물의 근원이요 모태인 것입니다. 그대도 그처럼 근원이요 출발입니다.

그대 늘 거기서 시작하세요. 그대는 크고 거대한 것의 시작입니다.

그대 거기 있다고 힘겨워하지 마세요.

과꽃도 해바라기도 거기 그렇게 있지만 초라한 뜨락을 꽃밭으로 바꾸고 퇴락한 돌담을 정겨운 공간으로 바꿉니다. 그대가 거기 있는 것처럼 소박한 모습으로 서서 자기들이 있는 곳을 아름다운 모습으로 바꾸어놓는 이들이 세상에는 참으로 많습니다. 그들이 이 세상을 꽃밭으로 바꾸는 것처럼 그대도 그렇게 꽃으로 있습니다. 그대 힘겨워하지 마세요. 그대의 모습이 다른 이에게 힘이 되고 있습니다.

힘겨움을 이기지 않고 아름답게 거듭나는 것은 없습니다. 작은 꽃 한 송이도 땡볕과 어둠과 비바람을 똑같이 견딥니다. 마을 어귀의 팽나무와 느티나무가 견디는 비와 바람을 채송화도 분꽃도 똑같이 겪으며 꽃을 피웁니다.

그대 거기 있다고 외로워하지 마세요.

살아 있는 것들 중에 외롭지 않은 것은 없습니다. 들판의 미루나무는 늘 들판 한가운데서 외롭고 산비탈의 백양나무는 산비탈에서 외롭습니다. 노루는 노루대로 제 동굴에서 외롭게 밤을 지새우고 다람쥐는 다람쥐대로 외롭게 잠을 청합니다.

여럿이 어울려 흔들리는 풀들도 다 저 혼자씩은 외롭습니다. 제 목숨과 함께 쓸쓸합니다. 모두들 혼자 이 세상에 나와 혼자 먼 길을 갑니다. 가장 힘들고 가장 어려울 때도 혼자 저 스스로를 다독이고 혼자 결정합니다.

그래서 늘 자기와 마음을 나눌 수 있는 외로운 이들을 찾아 나섭니다. 나만 외로운 게 아니라 다른 사람들도 다 그렇게 외롭습니다. 지금 그대 곁에 있는 사람도 그대만큼 외롭습니다. 그대가 거기 있어서 외로운 게 아니라 근본적으로 우리 모두는 외로운 존재인 것입니다.

아무도
없는 별에선
그대도 나도
살 수 없다

아무도 없는 별에선

그대도 나도 살수 없다

　　나에게 끝없이 무엇을 달라고 하는 사람, 나를 괴롭히는 사람, 나에게 매달리기만 하는 사람, 내가 돌보고 보살펴야 하는 사람, 나를 질시하고 비난하는 사람, 내가 이끌어야 하는 사람, 나에게서 이익을 취하려는 사람, 나에게 쉬지 않고 일거리를 맡기는 사람, 이런 사람들로부터 벗어나고 싶을 때가 있다. 이들로부터 벗어나 아무도 없는 곳에 가서 살고 싶을 때가 있다. 그러나 영원히 이들이 없는 곳에선 나도 살아 있을 수 없다.

세상이 너무 추하고 더럽다. 썩지 않은 곳이 없고 썩지 않은 사람이 드물다. 곳곳이 부패하여 있고 역한 냄새로 고개를 들기 어렵다. 들추어내는 곳마다 썩는 냄새가 진동하여 차라리 눈과 코와 귀를 막고 싶을 때가 있다.

그러나 석가여래는 오탁(汚濁)이 있는 곳에서 태어나지는 않지만 오탁악세(汚濁惡世)를 찾아다니며 법을 설하신다. 그 속에서 수행을 완성하여 화광여래가 되시는데, 그 화광여래의 국토는 먼지가 하나도 없는 이른바 이구(離垢)라고 한다. 애당초부터 평탄하고 청정하며 아름답고 쾌적한 곳에 사시는 게 아니라 더럽고 때묻고 탁한 곳에서 무한 겁 동안 정진하고 몸과 마음을 닦아 회광여래가 되시는 것이다.

우리는 땅이 유리로 되어 있고, 금실로 바둑판처럼 장식되어 있으며, 길가에는 보석나무가 있고, 칠보의 꽃과 과일이 열리는 화광여래의 국토에서 태어나 사는 사람들이 아니다. 그대도 나도 이런 곳에서 태어난 사람들이 아니다. 먼지 하나도 없는 곳에선 그대도 나도 살 자격이 없다. 먼지도 있고 빛도 있는 곳에서 화광동진(和光同塵)하며 사는 것이다. 빛과도 어울리고 먼지와도 하나 되어 섞여 사는 것이다. 그대와 내가 쌓았던 모든 것이 불에 타 사라지고 난 뒤 잿더미 속에서 불티 하나만 보아도 저주가 쏟아지지만 그 불씨마저 없는 곳에선 누구도 살아 있을 수 없다. 나를 향한 그대의 분노가 나를 다 태우고 남는다는 걸 알지만 미움의 불길과 용서의 긴 강물이 흐르지 않는 곳에선 벌레 한 마리도 살아남을 수 없는 것이다.

　너무 넘치거나 모자라 원망스러울 때가 많다. 내게 오는 복도 너무 넘치면 화가 되고 너무 모자라면 궁핍하기 마련인데, 홍수가 되어 넘치거나 가뭄이 되어 우리 생을 다 망치게 하고 물러나는 때가 있다. 원망이 하늘을 찌르고 탄식이 땅을 덮는 때가 있다. 그러나 그런 물줄기조차 없는 곳에서는 그대도 나도 꽃 한 송이도 살 수가 없다. 먼지 묻은 나날과 불길과 폭풍우와 해일이 있는 곳이라서 그대와 내가 이 별에서 사는 것이다.

　아무것도 없는 별에선 그대도 나도 살 수 없다.

> 미워하는 일은
> 사랑하는 일보다
> 고통스럽다

    숲의 나무들이 바람에 몹시 시달리며 흔들리고 있다. 나도 지난 몇 달간 흔들리는 나무들처럼 몸을 가눌 수 없었다. 나무를 흔드는 건 바람이지만 나를 흔드는 건 내 속의 거센 바람이었다. 아니, 불길이었다. 그것은 사람에 대한 분노와 원망과 욕설과 비난의 불길이었고 미움의 모래바람이었다. 그래서 고통이었다. 미워하는 일은 사랑하는 일보다 몇 배 더 고통스러운 일이었다.

    누군가를 미워하는 일은 그 사람이 녹이 슬어 못쓰는 연장처럼 망가지기를 바라는 일이다. 내 미움이 그에게 다가가 그의 몸이 산화되는 쇠처럼 군데군데 벌겋게 부스러지기 시작하여 연모 구실을 못하게 되길 바라는 일이다. 그래서 버림받거나 버려지게 되기를 바라는 일이다. 그러나 곁에 있는 내 몸도 함께 녹이 슬어가는 것을 감수해야 하는 일이다.

누군가에 대해 분노할 때 내 마음은 불길로 타오른다. 그러면서 분노의 불길이 그에게 옮겨 붙어 그도 고통받기를 바라는 일이다. 그와 그를 둘러싼 모든 것이 불길에 휩싸여 다 타버리고 재만 남았으면 하고 바라는 일이다. 그러나 그 불길이 내 살과 내 마음과 내가 가지고 있는 모든 것을 함께 태워버린다. 어쩌면 그보다 내가 더 크게 살을 데이고 울부짖게 될지도 모른다.

누군가를 욕하고 비난하는 일은 내 비난이 독이 되어 그가 쓰러지기를 바라는 일이다. 그에 대한 나의 비난의 소리가 귀에 들어가 그도 아파하고 상처받기를 바라는 일이다. 그러나 그에 대한 비난과 저주는 독초와 같아서, 그에 대한 독설이 계속되는 동안 독을 품고 있는 일이어서 그 독은 내 몸에도 똑같이 스며든다. 그 독으로 내가 먼저 쓰러지기도 한다.

누군가를 원망하는 일은 예리한 칼날로 그의 마음 한복판을 베어내는 일이다. 내 원망하는 소리가 그의 귀에 다가가 그가 피 흘리며 아파하기를 바라는 일이다. 그러나 그의 마음과 육신에 칼질을 하는 동안 나도 그 칼에 몸 어딘가를 베이는 일이다. 나도 수없이 피 흘리며 상처받는 일이다. 나는 피 한 방울 흘리지 않으며 상대방만 피 흘리게 할 수 있는 싸움은 없다.

성내는 일은 폭풍이 몰아치는 것과 같아서 상대방도 나도 다 날려 버린다. 허공 한가운데로 들어올렸다 땅바닥에 내동댕이치는 일이다. 둘 다 다치고 부러진 마음을 안고 절룩거리며 살게 된다. 치유되는 기간이 오래가기도 하고 겉으로 보기엔 치유된 것 같아도 상처의 기억을 지우지 못하며 사는 때도 많다.

미워하지 않음으로써 미움을 넘어서고, 분노하지 않음으로써 불길로 나를 태우지 않으며, 욕하고 비난하지 않음으로써 내가 먼저 쓰러지지 않고, 원망하지 않음으로써 원망을 극복하고, 성내지 않음으로써 상처받지 않는 일은 상대방도 나도 죽이는 일에서 벗어나 나도 살리고 상대방도 살게 하는 일이다.

지금
이대로도
괜찮다

 햇살이 강한 것도 아닌데 아침부터 푹푹 찐다. 이럴 땐 비라도 한 줄기 쏟아졌으면 싶다. 올해는 사실 비가 너무 자주 내려 기분까지도 찌뿌드드한 날이 많았던 걸 알면서도 사람 마음은 참 간사하다. 그저 우리 기분에 맞추어 비가 내려주었으면 하고 바라다가, 비가 그만 왔으면 하고 빌다가 한다. 비가 안 오는 날은 안 오는 날대로 참외와 수박이 햇빛을 많이 받아 잘 자라겠구나 하고 생각하고, 비가 오는 날은 오는 날대로 상추와 쑥갓이 잘 크겠구나 하고 생각하면 좋은데 그게 아니다. 그저 내 위주로만 생각한다.
 지난해 늦가을부터 몸이 안 좋아 이번 학기는 아무 일도 안 하고 쉬고 있다. 지금까지 내 살아온 방식과 몸에 밴 습관을 가지고 견주어보면 의지가 약해진 때문이고 정신력이 해이해진 모습으로 비판 받아 마땅하다. 이건 패배하는 모습이다.

《당당하고 진실하게 여자의 이름으로 성공하라》는 책의 저자인 김효선 씨의 조언을 들어보면 실력 있는 사람은 다음과 같은 12가지 습관을 갖고 있다고 한다. 업무 지식이 풍부하다, 교제의 폭이 넓다, 문제 해결 능력이 있다, 팀원을 보호할 수 있다, 조직에 헌신적이다, 방향 제시 능력이 있다, 위기 관리 능력이 있다, 조직 내외의 네트워크가 풍부하다, 정보 수집 능력이 있다, 추진력이 있다, 정확한 판단 능력을 가지고 있다, 조직 관리 능력이 있다.

내가 관여하는 문화단체의 책임을 맡아 일을 하는 동안 이 열두 가지 중에 나는 몇 가지를 갖고 있는가 하고 하나씩 대입해 보았다. 그랬더니 한창 일할 때 나는 열두 가지를 다 갖추고 있었다고 말해도 좋을 것 같았다. 그런 자부심이 있었다. 그런데 지난해 건강이 안 좋아지면서부터 정확한 판단 능력과 방향 제시 능력에 바로 이상이 오는 걸 느낄 수 있었다. 몸이 아파도 헌신성에는 변함이 없다고 생각했지만 그것도 마음뿐, 몸이 따라주지 못하면 조직을 잘 관리하기가 어려워질 수밖에 없다. 시간이 나면 사람과 네트워크를 잘 유지하는 일에 투자하는 것이 아니라 쉬고 싶은 마음이 더 간절하기 때문이었다.

나는 내가 맡고 있는 대표 자리를 내놓기로 했다. 그것이 나와 조직 모두를 위한 바른 선택이라는 생각이 들었다. 아무리 뛰어난 선수라도 부상을 당하면 바로 교체를 시켜주어야 경기를 계속할 수 있는 게 아니겠는가. 나는 실로 오랜만에 벤치에 나와 경기를 지켜보는 사람이 되었다. 아니 내친김에 더 푹 쉬기로 했다. 조바심을 내거나 초조해하지 않기로 했다.

얼마 전에 우리나라를 다녀간 틱낫한 스님은 이렇게 말한다.

때론 우리는 아무것도 하지 않으면서도 많은 것을 할 때보다 더 많은 도움을 줄 때가 있다. 우리는 그것을 '행위 없음의 행위'라 부른다. 그것은 폭풍을 만난 작은 배 안에 있는 침착한 사람과 같다. 그는 무엇인가를 많이 해야만 하는 것이 아니다⋯⋯. 뜰 앞에 서 있는 나무를 보라. 도토리나무는 도토리나무다. 만일 도토리나무가 도토리나무가 아니라면 우리 모두는 문제에 부딪칠 것이다⋯⋯. 도토리나무를 바라볼 때마다 우리는 자신감을 얻는다. 여름 동안에는 그 나무 아래 앉아 시원함을 느끼며 휴식을 취한다. 우리는 안다. 만일 도토리나무가 그곳에 없고, 다른 모든 나무들도 사라진다면, 우리가 숨쉴 좋은 공기도 함께 사라져버린다는 것을⋯⋯. 우리는 또한, 우리가 전생에 나무였음을 안다. 어쩌면 우리 자신이 한 그루 도토리나무였는지도 모른다⋯⋯. 우리가 도토리나무에게 소리를 질러도 도토리나무는 화내지 않는다. 우리가 도토리나무를 찬양해도 그것은 콧대를 높이지 않는다. 그러므로 도토리나무는 하나의 진리의 몸이다.

도토리나무 한 그루를 보고 거기서 진리를 발견한다. 틱낫한 스님은 거기 그렇게 존재하고 있는 것만으로도 많은 이에게 무언가를 줄 수 있는 삶이 있다고 말한다. 꼭 크고 거대하고 떠들썩한 일을 할 때만 다른 사람에게 도움을 주고 삶의 의미를 찾을 수 있는 것만은 아니라는 것이다. 거기 그렇게 한 그루 나무로 있는 것만으로 그늘을 만들어주고 열매를 줄 수 있는 삶이 있다는 것이다. 어머니라는 이름으로 자리를 지키고 있는 것만으로도 정신적 기쁨과 평화를 얻는 아이들이 있는 것처럼 말이다. 남에게 자랑할 만한 일, 드러내 보이고 싶은 일을 하지 않지만 숨 쉴 수 있는 좋은 공기를 보내주는 일만으로도 나무는 우리에게 고마운 존재인 것처럼.

때론 허리에 도끼 자국이 박힌 상처 난 나무이거나, 지난해보다 열매를 많이 맺지 못한 부족한 나무일지라도 그대로 괜찮은 것이다. 부족하면 부족한 면이 있는 대로, 조금 덜 채워졌으면 덜 채워진 대로 이 모습 그대로도 괜찮은 것이다. 늘 자기를 자책하며 살지 말고 자기도 사랑하면서 살아야 한다. 자기에게도 너그러워져야 하고 부족함 속에 깃든 아름다움이 있다는 걸 알아야 한다. 있는 그대로의 내 모습을 사랑하고, 있는 그대로의 상대방의 모습을 아껴줄 줄 알아야 한다.

　우리의 마음속에는 완벽하려고 하고 완전해지고 싶은 마음이 숨어 있다. 그건 욕심이다. 최고의 자리에 오르고 싶고 최상의 박수를 받고 싶은 마음도 있다. 그런 마음을 가질 수는 있지만 모두가 다 최고가 되어야 하는 것은 아니다. 높은 곳에서 반짝이는 나뭇잎은 반드시 아래로 내려오게 되어 있다. 완전과 완벽은 인간의 영역이 아니다. 그건 신의 영역이다. 중요한 것은 오늘 하루 충실한 삶을 살았는가 하는 것이다. 완전하려고 하지 말고 오늘 하루 충만했는가 물어보아야 한다. 열심히 살았는가, 성실했는가 이런 게 훨씬 중요한 것이다.

　인간의 삶은 싹이 돋을 때도 있고, 화려하게 꽃 필 때도 있으며, 가득한 열매로 풍성할 때도 있지만, 그 열매를 갖고 있음으로 인해 몸에 돌을 맞을 때도 있다. 나뭇잎이란 나뭇잎을 다 잃을 때도 있지만, 죽어가는 가지에 새 잎이 나는 날도 있다. 그때그때 내가 도토리나무나 느티나무, 아니면 소박한 찔레라도 괜찮은 것이다. 누구나 다 지금 이 모습 그대로 아름다운 것이다.

강물에
띄우는
편지

　어린 나뭇잎 사이를 지나온 바람이 꽃잎처럼 부드럽게 뺨에 닿는 오월입니다. 이렇게 바람이 부드러울 수 있는 것은 아직 다 자라지 않은 연둣빛 나뭇잎들을 만나며 오는 동안 바람도 마음이 순해졌기 때문은 아닌가 싶습니다.
　나는 지금 길가에 차를 세우고 낮은 언덕을 올라와 누군가의 무덤 기슭에 앉아 있습니다. 무덤가에는 샛노란 양지꽃과 보라색 오랑캐꽃이 서로 섞여 피어 있습니다. 굴참나무 사이로 보이는 물빛조차 연하고 부드럽게 느껴집니다.
　물 건너로 보이는 산의 색깔을 그대로 옮길 수 있다면 한 폭의 잘 그린 풍경화가 될 것 같습니다. 짙은 침엽수림을 뒤로하고 조금씩 농도가 다른 연둣빛 둥근 잎을 내밀며 뭉글뭉글 솟아오르고 있는 나무들이 서로의 배경이 되어주며 숲을 이루고 있습니다. 참으로 아름다운 오월의 나무들입니다.

그런 아름다운 풍경을 바라보며 앉아 있다가 문득 그대와 함께 여기 나란히 앉아 있을 수 있다면 하는 생각을 하였습니다. 나란히 앉아 노란 양지꽃과 제비꽃 이야기를 하며 그 옆에 연보랏빛 꿀풀이 피어 있는 것도 같이 보며 민들레 꽃씨를 불어 날리기도 하다 어깨를 기대고 말없이 흘러가는 물을 바라보고 싶다는 생각을 했습니다.

그러다 양지꽃을 쥐고 있는 그대 손을 나도 가만히 잡아보고, 그대 볼에 내 볼을 댄 채 가까이 들려오는 그대 숨소리를 듣고 싶었습니다. 누가 먼저랄 것도 없이 부드러운 입술이 스치고 바람이 그대 머리칼을 날려 내 머리를 가리는 그런 부드러운 입맞춤을 떠올려보았습니다. 철쭉꽃잎처럼 물들어오는 그대 볼과 내 뺨을 생각했습니다.

생각해보니 그렇게 가슴 두근거리는 아름다운 연애의 감정을 우리는 자주 느낄 수 있는 게 아닙니다. 자주 찾아오는 것도 아닙니다. 나는 지금 이 언덕에 홀로 앉아 그대와의 아름다운 연애를 꿈꾸고 있습니다.

그러나 그대는 나의 이런 꿈을 전혀 눈치 채지 못하고 있습니다. 한 번도 그대에게 내색하지 않았고, 또 늘 그랬던 것처럼 나 혼자 생각하고 나 혼자 가슴에 담아두었다가 그대에겐 한마디도 하지 않은 채 나 혼자 삭혀버리게 되리란 걸 나는 압니다.

〈혼자 사랑〉이란 시를 쓴 적이 있습니다.

혼자서만 생각하다 날이 저물어
당신은 모르는 채 돌아갑니다
혼자서만 생각하다 세월이 흘러
나 혼자 말없이 늙어갑니다
남모르게 당신을 사랑하는 게
꽃이 피고 저 홀로 지는 일 같습니다

제 사랑은 그때나 지금이나 혼자 하는 사랑입니다. 산등성이 외진 곳에 꽃 한 송이 저 혼자 피어 하늘을 바라보다 저 혼자 지고 말 듯 그렇게 멀리서 가까이서 당신을 바라보며 내 가슴속에 피었다 세월이 흐르면 저 혼자 지고 맙니다.

산불처럼 타올랐다가 시커먼 상처를 남기고 황폐해져 돌아가는 사랑도 있습니다. 벚꽃처럼 쉽게 피어났다 순식간에 끝나버리는 짧은 만남도 있습니다. 영산홍처럼 가슴을 붉게 달구다가 그 붉은 마음이 식을까봐 조바심을 내다가 드디어는 서로의 가슴에 진홍빛 상처를 낸 뒤 악연을 만들어 가지고 돌아가는 사랑도 있습니다.

내 사랑도 그대에게 상처가 될 수 있다는 걸 압니다. 내가 짐 질 수 없는 그대의 삶과 사랑의 그 무게를 압니다. 그것 때문에 그대를 힘들게 하게 될 것입니다. 이렇게 나 혼자 시작한 사랑이 착한 그대를 가시덤불 속으로 끌어들이는 일이 될 수도 있다는 걸 압니다. 그대는 괜찮다고 말하지만 긁힌 팔뚝에선 피가 흐르고 찢어진 소매 때문에 저고리를 다시 입을 수 없게 될 수도 있다는 걸 압니다.

웃음으로 시작하였지만 사랑으로 가는 길은 눈물 없이 가는 길이 없습니다. 기쁨으로 손을 잡았지만 슬픔으로 놓지 않는 사랑은 없습니다. 설렘으로 시작하였지만 두려움과 고통을 겪지 않는 사랑은 없습니다. 오월의 숲을 지나온 바람처럼 순한 그대를 이 고통의 길로 끌어들여야 한다는 건 가슴 아픈 일입니다. 초원에서 시작하였지만 무수히 사막을 건너야 하는 이 여행에 그대를 끌어들이는 일은 무책임한 일이기도 합니다.

그대의 손을 잡아보고 싶습니다. 아무렇지도 않은 듯 그렇게. 그렇게 잡고 있다가 조용히 내려놓고 싶습니다. 그대가 내게 그럴 수 있다면, 나도 그대에게 편안히 기대어 있고 싶습니다. 그대가 내게 그렇게 할 수 있다면, 나도 그대 곁에 마음을 내려놓고 잠시 편안히 쉬고 싶습니다. 그것으로 족합니다. 그 이상은 바라지 않습니다.

말없이 마음이 통하고, 그래서 말없이 서로의 일을 챙겨서 도와주고, 그래서 늘 서로 고맙게 생각하고 그런 사이였으면 좋겠습니다.

방풍림처럼 바람을 막아주지만, 바람을 막아주고는 그 자리에 늘 그대로 서 있는 나무처럼 그대와 나도 그렇게 있으면 좋겠습니다.

물이 맑아서 산 그림자를 깊게 안고 있고, 산이 높아서 물을 늘 깊고 푸르게 만들어주듯이 그렇게 함께 있으면 좋겠습니다. 산과 물이 억지로 섞여 있으려 하지 않고 산은 산대로 있고 물은 물대로 거기 있지만, 그래서 서로 아름다운 풍경이 되듯 그렇게 있을 수 있다면 좋겠습니다.

물론 그것도 저 혼자의 생각입니다.

그대와 함께 이야기 나누어본 것도 아닙니다. 나 혼자 그대를 좋아하고, 나 혼자 이야기하고, 나 혼자 생각한 것들입니다. 내일도 그대에게 이런 내색을 하지 않고, 서로 일에 바빠 분주히 오가며, 만나고 스쳐 지나가기를 되풀이할 것입니다. 이른 봄에 피었던 제비꽃이 손을 대면 푸스스 바스러지며 지듯이 그렇게 내 안에서 사위어가기도 할 것입니다.

나도 내 안의 생각들이 잦아들기를 기다리며 잔디 위에 앉아 흐르는 물을 봅니다. 잔디 줄기 하나를 뽑아 입에 물고 물빛을 바라봅니다.

그대에게 매일 편지를 쓴다
한 구절을 쓰면 한 구절을 와서 읽는 그대

그래서 이 편지는 한 번도 부치지 않는다

　김남조 시인은 자신의 시에서 이렇게 말했지만, 나는 내가 그대에게 써서 강줄기에 띄우는 편지를 그대가 읽지 못한다는 걸 압니다. 한 구절을 쓰면 그대가 와서 한 구절을 읽고 가는 행복한 편지가 아니라는 걸 압니다. 내가 이렇게 빈 강물에 띄우는 편지를 그대가 끝내 알지 못할 수도 있습니다.
　그러나 그대를 나 혼자 사랑하는 동안 이 늦은 나이에도 다시 이는 설렘을 나는 소중하게 간직하겠습니다. 사는 동안 이런 설렘과 두근거림이 자주 오는 게 아니라서 고맙게 간직하겠습니다. 그대를 나 혼자 사랑하는 것만으로도 행복합니다. 안녕!

　　　　　　　　　　　　　　　- 꽃잎이 소리 없이 지는 봄날에

보이지 않는다고
혼자가 아니다

 구름도 지상에서 일어나는 일에 이제 조금 덜 관계하려는 듯 높은 하늘로 멀찌감치 물러나 있다. 물러나 모래톱 같은 무늬를 넓게 넓게 만들어놓고는 한가하게 누워 있다. 가을은 높은 하늘에서 바람의 물살에 철썩이며 낮은 곳으로 내려온다.
 지난여름은 오래도록 녹녹했다. 빗줄기가 그치지 않았고 그늘진 날들이 많았다. 지루한 장마가 계속되는 동안 건강도 잃고 재산도 잃고 인격도 잃은 사람들이 많았다. 내게도 견디기 힘든 여름이었다.
 뜨거울 때는 뜨거운 대로 처량하게 빗발에 젖는 날은 젖는 날대로 감당하기 힘들었다. 마음은 마음대로 많이 지쳤고, 몸은 몸대로 지탱하기 힘들어 자주 쓰러지곤 했다. 태풍에 시달리는 과일나무를 보면 꼭 내 모습을 보는 것 같았다. 무거운 과일을 안고 있는 가지일수록 더 심하게 흔들렸다. 어서 이 비바람이 지나갔으면 싶었다. 외로웠다. 쓰러져 누워 있는 시간에는 혼자 감당할 수밖에 없는 삶이라는 생각이 많이 들었다.

"모든 걸 놓고 쉬어."

의사인 친구는 그렇게 말했다.

"자율신경이 쉬고 싶어하는 거야. 지친 거야. 무의식적으로 신경 억압을 받아오다가 손을 놓아버린 거야. 그래서 쓰러지게 된 거야."

그러면서 무리한 일에서 벗어나라고 했다.

소문을 들은 선배 소설가는 정신과 몸이 구조조정을 하는 거라고 했다. 운이 바뀌느라고 아픈 거니까 환자라는 생각을 하지 말고 자기를 새롭게 찾고 정리하는 시간으로 삼으라고 했다.

그분의 말대로 내가 나 스스로를 일으켜 세우고 내가 나를 추슬러 끌고 가기로 했다. 용기를 주는 그들의 말이 고마웠다.

집 안에 몇 달째 쌓여 있는 묵은 잡지들을 정리하다가 이 글을 읽게 된 것도 그 무렵이었는데, 우연이 아니라는 생각을 했다.

미국에 한 중년 부부가 있었는데 아내의 시력이 너무 나빠서 눈 수술을 했다. 그런데 수술이 잘못되어 실명을 하고 말았다. 그 후 남편은 매일같이 아내의 직장까지 아내를 출근시켜주고 하루 일과가 끝난 후에는 집까지 데려다주었다.

그런데 어느 날 갑자기 남편이 아내에게 서로 직장이 머니 혼자 출근하라고 말했다. 이 말에 아내는 남편에게 너무나 섭섭했고 배신감마저 느꼈다. 그리곤 이를 악물고 살아야겠다는 결심을 한 후, 다음날부터 혼자 출근하기 시작했다. 많이 넘어지기도 하고 울기도 하면서 혼자 버스를 타고 다닌 지 2년……. 어느 날 버스 운전기사가 이 부인에게 이렇게 말했다.

"아줌마는 복도 많소. 매일 남편이 버스에 함께 앉아 있어 주고, 부인이 직장 건물에 들어가는 순간까지 지켜보다가 등 뒤에서 손을 흔들어주는 보이지 않는 격려를 해주니까요."

이 말을 들은 부인은 울음을 터뜨리고 말았다.

〈보이지 않는 격려〉라는 글이다. 내가 힘들고 지칠 때는 나 혼자라는 생각을 하다가 다시 생각해보니 나는 나 혼자가 아니다. 늘 누군가로부터 도움을 받는다. 가까운 데 있는 사람들로부터 먼 데 있는 사람에 이르기까지 누군가의 도움으로 내가 살아 있는 것이다. 나에게 용기를 주는 사람, 나를 위해 먼 데서 전화를 해주는 사람, 약이 될 만한 것을 찾아서 보내는 사람, 찾아와 함께 걱정해주는 사람, 그런 사람들의 도움으로 내가 서 있는 것이다.

그들의 마음, 그들의 격려, 그들의 화살 기도를 고마워할 줄 알아

야 한다. 그들이 쓰러진 내 이마를 짚어주고, 힘겨워하는 나를 부축해주며, 먼 길을 함께 가주는 사람들이다. 보이지 않는다고 세상은 나 혼자라고 말해서는 안 된다.

 한 개의 과일이 결실을 이루기까지 비바람에 시달리는 날들도 많았지만, 그 비와 바람과 햇빛을 받으며 익어온 날들을 잊어서는 안 되는 것이다. 꽃 한 송이도 지치고 힘든 날들이 많았지만, 그 하루하루가 쌓여 아름다운 꽃을 피운 것이다. 사과나무도 밤나무도 그렇게 가을까지 온 것이며, 과꽃도 들국화도 코스모스도 다 그렇게 꽃 핀 것이다. 바람과 햇빛이 그런 것처럼 눈에 보이지 않지만 힘을 준 것들도 많은 것이다.

 살에 와 닿는 바람 한 줄기도 고맙게 느껴지는 가을이다.

누군가를 사랑하면 마음이 선해진다

사람이 누군가를 사랑하면 선한 마음을 갖게 된다. 누군가를 사랑하고 있는데 욕심과 집착에 빠져 있다면 그건 진정으로 사랑을 하고 있는 게 아니다. 진정으로 한 사람을 사랑하고 있다면 의로운 마음이 된다. 마음이 맑고 순해진다. 수단과 방법을 가리지 않고 그를 취해야겠다고 생각하고 있다면 그건 진짜 그를 사랑하고 있는 게 아니다. 진정으로 그 사람을 사랑하는 게 아니라 그를 둘러싼 다른 무엇을 사랑하고 있는 것인지도 모른다. 사랑을 하고 있다고 믿는데도 마음이 탁해지고 악한 생각과 계산하는 마음에 빠져 있다면 자신의 사랑을 다시 돌아볼 필요가 있다.

사람을 사랑하면 마음이 착해지는데 착해지는 것에도 일곱 가지가 있다고 한다.

'고난을 만나더라도 버리지 않고, 가난하더라도 버리지 않고, 자신의 어려운 일을 상의하고, 서로 도와주고, 하기 어려운 일을 해주고, 주기 어려운 것을 주고, 참기 어려운 것을 참는 것'이 그것이라고 〈사분율〉에서는 말한다.

당신이 지금 누군가를 사랑하고 있다면 한 가지씩 물어보라. 서로 사랑하다가 고난을 만나더라도 고난 때문에 상대방을 버리지 않을 것인가. 고난을 함께 겪으며 헤쳐 나갈 자신이 있으면 서로 사랑하고 있는 것이다.

가난 때문에 사람을 버리지 않는다고 약속할 수 있는가. 앞으로도 그럴 수 있는가. 가난에서 벗어나기 위한 과정에서 서로의 신뢰를 저버리는 일을 하지 않고 깨끗한 선택을 하며 살아갈 수 있겠는가. 그렇다고 대답하면 서로 사랑하고 있는 것이다.

자신의 어려운 일을 늘 상의하는 사람, 그래서 어려움을 함께 해결해 나갈 수 있는 사람, 늘 대화하고 생각이 서로 통하는 사이라면 사랑하고 있는 사람이다.

도움을 주고 도움을 받는 일로 서로 감사하고 기뻐하는 사이인가. 서로 성장하도록 이끌어주고 배려하는 사이인가. 그렇다면 사랑하는 사람이다.

하기 어려운 일을 해주는 사람인가. 자신의 처지만을 생각하지 않고 상대방의 처지에 서서 생각하고 상대방을 위해 하기 어려운 일을 할 수 있다고 생각한다면 사랑을 할 자격이 있는 사람이다.

주기 어려운 것을 줄 수 있는가. 내가 가장 아끼던 것을 내 줄 수 있는가. 내가 가장 소중하게 생각하는 것을 그에게 줄 수 있는가. 다른 무엇보다도 그가 소중하기 때문에 주기 어려운 것까지 줄 수 있는 마음이 되어 있다면 그는 지금 사랑할 만한 자격이 있는 사람이다.

참기 어려운 것을 참을 수 있는가. 내가 참고 있다면 상대방도 지금 참고 있는 것이라 한다. 참을 수 있는가. 어느 한쪽의 일방적인 희생과 인내를 요구하는 것이어서는 안 되지만 그를 위해서 참기 어려운 것을 참을 수 있는 마음이 되어 있다면 그는 사랑할 자격이 있는 사람이다.

누군가를 진정으로 사랑해보라. 당신의 마음이 얼마나 선해지는가를 당신은 알게 될 것이다.

사랑의
불, 바람, 물, 흙

　살구나무 꽃망울이 처음 나뭇가지를 뚫고 올라올 때는 붉은 빛을 띤다. 박태기나무 꽃망울도 검붉은 빛이고 장미의 새순도 붉은 색깔이다. 꽃망울이나 새순만 그런 게 아니라 복숭아나무 같은 것은 가지 끝이 온통 붉은 빛으로 바뀐다. 나는 겨우내 참고 참아온 나무의 열정과 설렘, 더 이상은 참을 수 없는 뜨거운 기다림의 마음이 나무를 그렇게 만든다고 생각한다.
　꽃나무의 내부에 들어 있는 생장의 시계가 이제는 때가 되었다, 이제는 나뭇가지를 뚫고 나가 꽃을 피울 때가 되었다고 판단하면서 열정적으로 움직이는 것이다. 사람도 살면서 몸속에 들어 있는 사랑의 시계를 통해 사랑할 때인지 아닌지를 느낌으로 안다. 마음이 복숭아나무 가지 끝처럼 온통 붉게 달아오를 때가 있다. 상대방에게 깊이 빠지게 되고 상대방을 통해 활력을 찾고 뜨거운 상태로 발전한다. 사랑의 불이 붙는 것이다.

일단 사랑의 불이 붙으면 색깔과 향기가 달라진다. 화려한 빛이나 상대방의 눈길을 끌 수 있는 빛으로 몸을 바꾸기 시작한다. 상대방 앞에 아름다운 모습으로 서 있으려 하고 사랑의 향기가 상대방에게 전달되기를 바라며 상대방 주위를 맴돈다.

두 사람 사이가 공기처럼 가볍고 기분이 산뜻하고 가벼우며 발랄한 상태로 바뀐다. 서로의 기분 상태와 느낌을 공기 속에 흘려보낸다. 사랑의 바람이 부는 것이다. 이 바람은 불길을 더욱 세차게 타오르게도 하고 서로를 태우기도 한다. 그러다 한순간에 태풍과 회오리 바람을 동반하기도 하고 다시 훈풍으로 바뀌기도 한다.

그러나 서로 좋은 관계는 두 사람의 사랑이 물처럼 스밀 때이다. 서로의 목마름을 채워주고 지친 자를 일으키며 자양분을 공급하고 서로의 대지를 윤택하게 하는 사랑의 물로 만날 때 사랑은 두 사람을 서로 성장하게 한다. 내가 가진 것을 상대에게 끝없이 흘려보내며 기뻐하는 사랑, 인내하고 이해하고 양보하고 용서하고 베푸는 사랑, 그러면서도 늘 새로이 샘솟는 사랑, 물 같은 사랑의 단계이다.

서로를 살리는 사랑을 오래 유지할 수 있는 사람에게는 사랑의 결실이 주어진다. 두 사람이 서로에게 흙과 토양이 되어주기 때문이다. 서로를 튼튼하게 설 수 있도록 하는 기반이 되어주고 열매가 열릴 수 있도록 품어준다. 기쁨과 배려와 소통과 위안이 있는 사랑으로 발전하는 것이다.

나는 지금 사랑하는 사람의 무엇으로 있을까. 그에게 물이 되어 스미고 있는 걸까. 아니면 활활 태우고 있을까. 샛바람이 되어 사랑한다던 이를 견딜 수 없이 흔들고 있을까. 상대방이 성장할 수 있도록 흙과 토양이 되어주고 있을까. 나는 그에게 그는 나에게 불일까, 바람일까, 물일까, 흙일까. 잠시 일손을 멈추고 생각해볼 일이다.

따듯하게
안아주세요

    청주에서 외곽도로를 타고 피반령을 넘는 길가엔 벌써 코스모스가 피기 시작합니다. 저는 그 고개 너머에 있는 황토집에 가 있습니다. 몸이 안 좋아 학교도 잠시 쉬면서 몸과 마음을 추스르는 시간을 갖고 있는데요, 이 집은 친하게 지내는 후배 한 사람이 병 깊었던 자기 동생을 위해 동생과 함께 지었다가 동생이 세상을 뜬 뒤 비어 있어서 제게 와 있으라고 배려해준 집입니다. 아니 그 후배가 느닷없이 찾아와 갈 데가 있으니 차에 타라고 하더니 저를 거기 데려다놓았습니다.
    그 길을 오갈 때면 코스모스 꽃들이 내게 손을 흔드는 것처럼 느껴집니다. 앞에 있는 꽃이 손을 흔드는 걸 보며 뒤쪽에 서 있는 꽃들이 무슨 일이야 하고 고개를 내미는 것 같기도 합니다. 그러면 나도 그 꽃들을 향해 손을 흔듭니다.

"안녕, 반가워!" "너희 정말 곱고 아름답다." "잘 있어, 또 만나."

꽃들에게 그렇게 말하면서 고개를 넘습니다. 간혹 마주 오는 차나 앞에 가던 운전자가 오해를 하며 고개를 갸우뚱거리는 때도 있는 것 같습니다. 자기를 보고 손을 흔드는 걸로 알고.

언젠가 종례시간에 "애들아, 끝나면 곧장 집으로 가지 말고 길가에 핀 꽃들에게 손도 흔들어주고, 나무도 한 번씩 안아주고 가거라" 하고 말한 적이 있습니다. 그랬더니 한 녀석이 "선생님, 그러면 남들이 미쳤다고 그래요" 해서 한바탕 소란스럽게 웃었습니다.

"미쳤다고 해도 괜찮으니까 나무도 한 번 안아주고 풀이나 벼의 머리칼도 쓰다듬어주고 그러면서 가. 하늘도 한 번 쳐다보고. 집에 가 보았자 바로 컴퓨터 앞에 몇 시간씩 앉아 있거나, 학원 가서 어두워질 때까지 문제 풀다 와야 하잖아."

그날 몇 명이나 내 말대로 했는지는 모릅니다. 선생님도 엄마들도 그저 끝나면 곧장 집으로 가라고 말합니다. 가서 무얼 하는지 거기까진 생각하지 않습니다. 워낙 학교와 집 사이의 공간이 험하고 유해하기 때문에 하는 걱정임을 모르는 건 아닙니다. 그러나 그렇게 사는 동안 우리는 꽃 한 송이 나무 한 그루를 제대로 바라보거나 사랑할 줄 모르고 살고 있습니다.

꽃이든 사람이든 제대로 바라보고 사랑하지 못하기 때문에 제대로 사랑받지도 못합니다. 사랑하지도, 사랑받지도 못한 결핍감은 가슴 깊은 곳에 무겁게 쌓여 있습니다. 이 시대를 사는 많은 사람들이 그래서 혼자서는 다 외롭다고 느끼고 가슴속이 왜 이렇게 허전할까 하면서 삽니다.

《모리와 함께 한 화요일》이란 책을 읽어본 사람들은 기억할 겁니다. 루게릭병에 걸려 죽어가는 모리 교수가 제자 미치에게 이렇게 말합니다.

"우리가 아기로서 삶을 시작할 때, 누군가가 우릴 돌봐줘야 생명을 유지할 수 있어. 그렇지? 그리고 나처럼 아파서 삶이 끝날 무렵에도, 누군가가 돌봐줘야 생명을 유지할 수 있어. 그렇지? …… 하지만…… 아이 때와 죽어갈 때 외에도, 그 중간 시기에도 사실 우린 누군가가 필요하네."

모리 교수에 의하면 사람들은 어릴 때 어머니가 우리를 안아주고 흔들어주고 머리를 쓰다듬어주던 그런 무조건적인 사랑, 무조건적인 보살핌을 더 받고 싶어하는데 대부분은 충분히 받지 못했다는 것입니다. 사람 마음 깊은 곳에는 어떤 식으로든 그 시절로 돌아가길 바라는 마음이 있다는 것이지요. 그래서 갓난아기 시절이나 늙고 병들었을 때가 아닌 때에도 우리는 누군가 나를 따뜻하게 안아주길 바란다는 겁니다.

그렇습니다. 우리는 누군가 나를 정말로 포근히 안아주길 바랍니다. 편안하게, 진심으로 따뜻하게 사랑해주길 바랍니다. 그런 마음으로 안아주는 사람이 곁에 있길 바랍니다. 여자만 그렇게 바라는 게 아닙니다. 남자도 그렇습니다. 젊은 남자만 그런 게 아닙니다. 어린이도 누군가 자기를 안아주고 인정해주길 바라고, 늙고 쇠잔해져 가는 사람들도 안아주고 위로해주는 사람이 곁에 있길 바랍니다. 사람들은 마음속으로는 다 사랑받기를 갈구합니다. 우린 너무 외롭게 살고 있습니다. 먼저 안아줘 보세요. 나무든 사람이든 먼저 안아주면 그도 나를 따뜻하게 안아줄 것입니다.

바람에 띠우는 편지

　피어오르는 들국화 꽃망울 하나하나가 너무 앙증맞게 예뻐 손으로 만져보려다 손을 놓고 가만히 바라봅니다. 하루가 다르게 서늘해지는 밤바람을 견디고 참으로 의연하게 피어 있습니다. 이 들국화를 당신과 함께 바라볼 수 있다면 하고 생각했습니다. 들국화 짙은 향기를 맡다가 볼에고 머리칼에고 옷에고 들국화 향기를 잔뜩 묻힌 채 꽃 속에 함께 앉아 있고 싶습니다.

　빨간 산수유 열매가 가을 햇살을 받아 반짝반짝 빛나며 익어가고 있습니다. 고추보다도 더 붉고 고추잠자리 꼬리보다도 빨간 산수유 열매를 따서 당신에게 주고 싶습니다. 그러나 나는 산수유나무 아래에서 산수유 열매를 올려다볼 뿐 열매를 따지는 않았습니다.

금박을 입힌 책갈피 두 개를 샀습니다. 우리 한옥의 방문 모양으로 만들어져 있는 단아한 책갈피의 문살을 가만히 손으로 밀고 그 안으로 들어가고 싶습니다. 책갈피 끝에는 노란색의 예쁜 매듭이 묶여 있는데, 하나는 내가 갖고 또 하나는 당신께 드리고 싶었습니다. 그러나 아직도 나는 그 하나를 드리지 못했습니다.

〈보왕 삼매론〉 한 구절을 적어 편지 맨 끝에 추신으로 얹어 당신이 힘들어할 때마다 보내드릴까 생각했습니다. 깊은 깨달음에 이르게 해주는 불경의 금과옥조(金科玉條) 같은 글귀들이 한 번도 당신께로 가지 못하고 내 수첩에 적힌 채 묻혀 있습니다.

어라연 가는 길에 강가에서 아름다운 대나무 무늬가 새겨져 있는 돌 한 개를 주워 왔습니다. 그 돌 안에다 당신과 함께 고즈넉하게 바라보고 싶은 산천과 초목을 나 혼자 머릿속에 그려 넣으면서 앉아 있을 때가 있습니다. 이 돌을 당신의 집 안에서도 눈에 잘 띄는 곳에다 옮겨놓고 싶었습니다.

나는 당신을 향해 반 발짝 앞으로 나가 서 있습니다. 그러나 한 발짝을 더 나가지 못하고 있습니다. 당신을 사랑한다고 말하려다 당신을 사랑할 자격이 없다는 걸 생각합니다. 사랑한다는 말 대신, 당신을 아끼고 소중하게 여기고 애틋하게 생각한다고 말하고 싶습니다. 그러나 그렇게 말하지도 못했습니다.

몸과 마음을 다해 당신을 사랑한다고 말할까 하다 그만둡니다. 혼자 저녁 바람에 나부끼는 가을 억새풀을 바라보듯 당신을 바라볼 뿐인 내가 어떻게 당신에게 사랑한다고 말할 수 있겠습니까. 그저 늘 마음뿐인데 어떻게 사랑한다고 할 수 있겠습니까.

  편지를 써서 띄운들 당신이 어떻게 읽을 수 있겠습니까. 혼잣말로 쓰는 이 편지를 당신이 어떻게 알아들을 수 있겠습니까. 바람에다 띄워 보내는 이 편지를 당신이 어느 겁 어느 뒷세상에서 다시 받아보겠습니까. 이승에서는 함께할 수 없을 당신이여, 이 세상에서는 바람과 구름처럼 스쳐 지나갈 당신이여, 나 혼자 바라보다 갈 당신이여.

2

잠시 지워져
있으면 좋겠다

나는 다시
강으로
가고 싶다

    오늘은 하루 종일 가슴 저 밑에서 출렁이는 강물 소리를 들었다. 내 가슴을 흔들고 내 몸을 흔들다가 강가 모래톱 어딘가에 나를 부려놓고 흘러가는 강물 소리. 온종일 젖어 있다가, 온종일 설레게 하다가 저녁 무렵이 되어서야 잔잔해진 강물 소리. 얼굴을 한쪽으로 젖힌 채 따뜻한 돌멩이를 갖다 대고 톡톡 두드리면 귓속에서 쪼르르 흘러내릴 것 같은 강물 소리.

    그 강줄기 위에다 사랑하는 사람의 이름을 꽃잎처럼 띄워 놓고 천천히 따라 내려가고 싶다. 따뜻한 모래밭에서 사랑하는 이의 무릎을 베고 누운 듯 편안하게 누워 잠시 잠이 들고 싶다. 눈을 감고 풀잎을 스치는 소리처럼 들려오는 그의 말소리를 듣고 있고 싶다. 그 말을 해본 지가 언제인지 너무도 오래된 사랑한다는 말을 강물 소리 곁에서 다시 하고 싶다. 강으로 가고 싶다.

다시 바다로 가고 싶다고, 그 호젓한 바다, 그 하늘로. 내가 원하는 건 오직 키 큰 배 한 척과 방향 잡을 별 하나……. 나는 다시 바다로 가야겠다고, 떠도는 집시의 생활로, 갈매기 날고 고래 다니는 칼날 같은 바람 부는 바다로' 가고 싶다고 노래 한 시인도 있지만 나는 다시 강으로 가고 싶다.

"여유 있게 흐르면서도 온 들을 다 적시며 가는 물줄기와 물살에 유연하게 다듬어졌어도 속으론 참 단단한 자갈밭을 지나 천천히 천천히 걸어오고 싶다. 욕심을 버려서 편안한 물빛을 따라 흐르고 싶다…… 할 수만 있다면 한적한 강 마을로 돌아가 외로워서 여유롭고 평화로워서 쓸쓸한 집 한 채 짓고 맑고 때 묻지 않은 청년으로 돌아가고 싶다."

지는 노을이 너무도 아름다워 강물도 그만 노을 물이 들어버린 강가에서 나도 다시 잃어버린 감동을 되찾고 싶다. 아름다워서 아름다움을 주체할 수 없고 외로워서 외로움을 참을 수 없고, 슬퍼서 슬픔으로 하루가 다 젖는 그런 출렁임을 다시 만나고 싶다. 제비꽃 한 송이를 보아도 한없이 사랑스럽고 물새 한 마리를 보아도 가슴이 애잔해져 오던 젊은 날로 돌아가고 싶다.

다음 글쓰기 시간에는 시를 배우러 오는 소녀들에게 너희도 모두 어디인가로 가라고 말해주어야겠다. 숲으로 가고 싶으면 두 팔을 벌리고 숲으로 가고, 드넓은 바다로 가고 싶은 사람은 파도를 헤치며 배를 저어 나가고, 끝없는 벌판으로 나가고 싶은 사람은 말을 달려 벌판으로 가고, 마음이 따뜻한 사람들을 만나러 가고 싶은 사람은 그들 곁으로 가고, 그래도 아직 갈 곳을 정하지 못한 심약한 사람이 있으면 강으로 가라고 말해주고 싶다.

오늘은 하루 종일 마음 깊은 곳에서 시작하여 여린 살갗을 적시는 강물 소리를 들었다. 부드럽게 흐르면서도 오래오래 유장하게 흘러가는 물소리, 강물처럼 맑으면서도 착해지는 마음으로 돌아가고 싶다. 편안하게 내 발걸음, 내 속도에 맞는 강물 곁으로 돌아가고 싶다.

혼자 있어도
혼자 있는 게
아니다

아름다운 음악을 듣고 있으면 혼자 있어도 혼자 있는 게 아니다.

노랫소리가 가는 곳을 따라서 나도 문을 열고 숲길로 나선다. 노랫소리의 뒤에 서서 허밍코러스를 넣는 하늬바람과 손을 잡고 나도 콧노래를 부른다. 맑은 소리에 얹혀 울려 나오는 고운 노랫말에 고개를 끄덕이고 함께 푸른 하늘을 바라본다. 아름다운 음악을 듣고 있으면 그대가 곁에 있을 때와 똑같이 가슴이 서늘해져 온다. 눈을 감고 노랫소리 한가운데로 걸어 들어가면 거기 그대도 이미 들어와 조용히 두 무릎을 안고 앉아 있을 것 같다. 가슴을 적시는 음악과 함께 있는 시간 동안은 혼자 있어도 혼자 있다는 생각이 들지 않는다.

강물 소리와 함께 있으면 혼자 있어도 혼자 있는 게 아니다.

강물 소리에 젖어, 강물에 젖은 발보다 마음이 먼저 흠뻑 젖어 앉아 있으면 그대도 이 물줄기 어디쯤을 그렇게 젖어서 거닐고 있을 것 같다. 찰싹이며 찰싹이며 강 언덕을 건드리고 가는 물결처럼 그대도 그대 마음의 어느 기슭을 그렇게 적시며 있을 것 같다. 씻겨도 씻겨도 씻겨지지 않을 것 같은 아름답고 아픈 추억들을 씻어 내리며 여울물이 굽이쳐 흘러가는 곳에 있으면 그대도 어디선가 이 물소리를 듣고 있을 것 같다. 똑같이 아파하고 힘들어하면서 강가를 거닐다 맑은 물에 얼굴을 씻고 다시 하늘을 올려다볼 것 같다.

나뭇잎 사이로 별이 총총한 느티나무 아래 앉아 있으면 혼자 있어도 혼자 있는 게 아니다.

어둠이 깊을수록 별은 더욱 은빛으로 반짝이고 나는 그 깜빡거리는 별빛을 보며 눈을 맞춘다. 밤마다 우리를 지켜주던 별이 오늘도 내 머리 위에 있다는 것만으로도 나는 마음 든든하다. 내가 별을 올려다보는 이 각도의 반대편 꼭짓점에 그대가 있을 것임을 나는 안다. 그대가 어디 있는지 알고 있는 별은 우리를 그렇게 반짝이는 눈빛으로 연결해주고 있을 것이다.

우수수 우수수 소리를 내며 몸을 떠는 느티나무 이파리 하나 주워 들고 거기 내가 그대에게 편지를 쓰면 그대가 별빛에 비추어 내 편지 한 구절 한 구절을 읽고 있을 것 같다. 내가 낮은 목소리로 편지를 읽어 내려가면 그대가 귀를 기울이고 그걸 듣고 있을 것 같다.

아름다운 노래의 강물에 누워 함께 흘러 내려가고 있으면 혼자 있어도 혼자 있는 게 아니다. 가슴을 흥건하게 적시는 강물의 노래에 귀를 담그고 있으면 혼자 있어도 외롭지 않다. 어둠 속에서 별들이 우리를 지켜주고 있는 동안은 혼자 있어도 혼자 있는 게 아니다.

인생길에서
한두 시간
늦어진들 어떠랴

일박 이일의 모임을 끝내고 돌아오는 길. 시계를 보았다. 오후에 수기 심사평을 쓰고 저녁에 문상을 다녀오고 하려면 지금 출발해야 겠구나 하는 시간 계산을 하면서 차의 시동을 걸었다. 차창 밖은 맑고 시원했다. 가을 햇살이 들판을 노릇노릇하게 바꿔가고 있는 모습도 보기 좋았다. 팔에 와 닿는 바람의 느낌도 참 좋다. 들 가운데를 달려 마을을 몇 개 지나고 났더니 길옆으로 계곡이 나온다. 가을 햇살을 담고 있는 맑은 물이 보인다. 그냥 지나치려다 차를 세웠다. 그리고 계곡으로 내려갔다. 바위들을 밟고 물가로 가 계곡물에 손을 담갔다. 차고 서늘하니 참 좋다.

물가에 피어 있는 연보라빛 쑥부쟁이꽃의 옅은 향기를 맡다가 바위 위에 길게 누웠다. 나뭇잎을 쓸고 가는 바람 소리가 쏴아 쏴아 하고 들릴 때마다 나뭇잎들이 반짝반짝 몸을 뒤집는다. 나뭇가지가 흔들리는 크기에 따라 가끔씩 햇살이 눈 위로 물줄기처럼 쏟아지다가 하늘로 올라가곤 한다.

높푸른 가을 하늘 위에 떠 있는 구름들이 천천히 움직인다. 구름을 오래 바라보는 일은 우리의 상상력을 무한히 넓은 공간으로 끌고 가는 일이다. 아주 느리게 움직이는 구름의 모습 속에는 그리스 로마 신화의 주인공들이 보이기도 하고 쉬르레알리슴의 미술이 보이기도 한다. 추상과 반추상의 화폭이 보일 때도 있고, 고생대의 짐승들이 나타나기도 한다. 다정하게 입을 맞추고 있는 사람들의 모습이 보이는가 하면, 사랑하는 이의 옆얼굴이 잠깐 나타났다가 사라질 때도 있다.

이런 것들은 다 가던 길에 차를 멈추고 바위 위에 누워 있기 때문에 보이는 것들이다. 그냥 지나쳐 목적지로 향했으면 보지 못했을 것들이다. 집에 도착하는 시간이 삼사십 분 늦어지겠구나 하는 생각을 하다, 그래 좀 늦어지면 어때 하는 생각으로 마음을 바꾸었다. 내 인생에서 사십 분이 늦어졌다는 것이 어떤 의미를 갖는 걸까. 아니, 한 시간 일찍 도착했다는 것이 내 인생에 어떤 변화를 주는 것일까. 차이가 없을 것이다. 가고 있는 길에 아름다운 경치를 만나거나 아름다운 사람을 만나서 잠시 함께 있다가 가는 것이 인생을 낭비하며 사는 일일까. 시간을 헛되이 보내고 나태하게 사는 것일까. 도리어 시간 시간을 풍요롭게 바꾸며 사는 일은 아닐까.

　돌아오는 길 다시 큰길을 놔두고 샛길을 택해 고개를 넘었다. 거기서 줄지어선 코스모스를 만났다. 굽이굽이 꺾어지는 길마다 코스모스들이 고개를 내밀고 손을 흔들고 있었다. 나도 그 코스모스들에게 손을 흔들어주었다. 고개를 다 넘을 때까지, 산굽이를 다 돌아 나올 때까지 나는 계속해서 손을 흔들었다. 나는 이 꽃들과 가는 길이 마냥 좋았다. 인생의 길에서 한 두 시간쯤 늦어지면 어떠랴. 이렇게 아름답고 넉넉한 시간 속을 택해서 가고 있는데.

잠시
지워져 있으면
좋겠다

출발은 했는데 아직 도착을 안 했다는 연락을 받을 때가 있다. 나도 출발은 했는데 도착을 하고 싶지 않은 날이 있다. 가던 길 중간에 걸음을 멈추고 샛길로 걸어 내려가 풀밭에 누워 파란 하늘 위에 떠 있는 뭉게구름을 올려다보고 싶은 날이 있다. 앞을 향해 달려가던 속도를 멈추고 속도의 바깥으로 걸어 나가 정지해 있고 싶을 때가 있다. 일이 끝나기 무섭게 또 시작해야 하는 새로운 일, 그 중간 어디쯤에 찍혀 있는 쉼표 속에 기대어 풀처럼 바람에 내 몸을 맡기고 싶다. 꼭 정상까지 가야만 하는 건가. 거기쯤에서도 충분히 아름다운 골짜기로 내려가 구두를 벗고 계곡물에 발을 담그고 싶다.

> 하루 종일 눈이 아프게 두드린 활자들과
> 앞으로 만나서 뒤섞여야 할 시간 사이에
> 잠시 삭제되어 있으면 좋겠다
> 잠시 지워져 있으면 좋겠다

내 시 〈돌아오는 길〉의 한 구절이다. 그 시를 쓰던 날처럼 잠시 어디에도 없었으면 좋겠다는 생각을 하는 저녁이 있다. 빈 괄호 안에 들어가 애벌레처럼 가만히 몸을 구부리고 누워 있으면 좋겠다. 지우개로 내 이름과 내 얼굴과 내 책상을 지우고 백지만 남겨 둘 수 있으면 좋겠다.

우리는 너무 많은 소리 속에 갇혀 있다. 아무 소리도 들리지 않는 곳이 있다면 그곳에 가서 몇 밤쯤 자다 오고 싶다. 나를 부르는 소리, 초인종 소리, 전화벨 소리로부터 선이란 선들이 다 끊어져 있으면 좋겠다. 그런 곳에 가서 물소리만 듣고 있고 싶다. 나를 견딜 수 없게 하는 온갖 소음, 싸우는 소리, 제 주장만 하는 소리, 명령하는 소리, 요구하는 소리, 독촉하는 소리, 질책하는 소리, 용서를 빌던 소리, 적당히 타협하자고 청하던 소리, 내 이름을 호명하던 소리들은 다 쓸려가고 바람 소리만 들리는 곳에서 바람 소리에 귀를 씻으며 깊은 시간 속으로 걸어 들어가고 싶다.

할 수만 있다면 며칠씩 말을 하지 않고 지내고 싶다. 자그마한 암

자에 들어가 만나는 사람과 그저 눈으로만 말하고 표정으로만 대화를 하며 묵언정진(默言精進)하고 싶다. 그게 너무 과하다면 하루에 다만 몇 시간만이라도 고요하게 있고 싶다. 매일매일 우리는 너무 많은 말을 하고 있으므로. 말하지 않으면 불안하므로, 말하지 않으면 오해를 받을 것이므로, 말하지 않으면 따돌림을 받을 것이므로, 우리는 무슨 말인가를 해야 한다. 내가 한 말 중에 내 말이 아닌 것이 얼마나 많은가. 내가 한 말 중에 내 마음과 다른 말은 또 얼마나 많은가. 내가 책임질 수 없는 말은 얼마나 많았으며 실제 이상으로 과장한 말, 나도 모르게 내 입에서 나간 비굴하고 거짓된 말은 또 얼마나 많은가.

  이 모든 것이 지나친 욕심이라면 하루에 다만 한두 시간만이라도 혼자 있고 싶다. 고요히 있고 싶다. 나 자신하고만 같이 있고 싶다. 아무것도 하지 않고 아무 생각도 하지 않고, 모든 걱정과 조바심으로부터 떠나, 모든 계획과 모든 요구와 모든 욕심으로부터 떠나.

> 글로 다
> 표현할 수
> 없는 것들이
> 너무나 많다

    무더기 무더기 모여 저희끼리 서로 의지하고 끌어안은 채 추위를 견디는 애기 들국화가 곱다. 그런 애기 들국화나 고갯길에 피어 있는 보랏빛 작은 구절초, 그들이 보여주는 애틋한 모습을 보고 있으면 가슴이 싸해져 온다.

산등성이 넘는 길
애기 들국화

가을은 다시 올까
다시 올 테지

나와 네 외로운 마음이

지금처럼

순하게 겹친

이 순간이

    천상병 시인은 애기 들국화를 보고 이렇게 노래했다. 가을이야 계절이 바뀌고 해가 지나면 다시 오는 거지만 나와 네 외로운 마음이 애기 들국화 잎들처럼 그렇게 순하게 겹쳐져 있던 그런 가을은 정말 다시 오는 것일까를 시인은 묻고 있는 것이다. 매년 들국화를 대하면서 사실 한 번도 들국화에 대해서 내가 느끼는 남다르게 애틋한 심정을 글로 다 표현하지 못하고 있다는 생각을 많이 한다.

    어제는 건널목 옆 빈터에 차를 세우고 전봇대 너머 들판 끝으로 붉게 타오르는 노을을 보았다. 가끔씩 느리게 지나가는 화물차 사이사이로 하늘은 주홍색 장작 불꽃을 피우고 있는 것 같았다. 그렇게 타오르다 구름이 먼저 조금씩 어두워지고 나중에는 불에 타던 것들이 사위는 불꽃과 함께 검게 변하며 재가 되는 것처럼 하늘도 그렇게 거대하게 타다가 재가 되는 풍경을 지켜보았다. 그 속에서 사리처럼 반짝이며 나타나는 별을 보며 죽어버린 하늘에서 다시 솟아나는 목숨의 의미를 생각하였다. 그러나 그 느낌을 글로 다 표현하지 못하고 돌아왔다.

차가운 길가에 옹송그리며 저희끼리 모여 있는 나뭇잎들, 늦가을 저녁 서늘한 밤공기의 느낌, 저무는 저녁 햇살을 받고 서 있는 억새풀의 굽은 어깨, 멀리서 보이는 동네 입구 느티나무의 넉넉한 자태, 눈에 갇힌 산골마을의 외딴 집에서 솟아오르는 굴뚝 연기, 내색하지 않고 속으로만 좋아하던 사람의 손을 처음 잡았을 때 손안에 쏙 들어오는 살의 감촉, 세상에는 글로 다 표현이 되지 않는 느낌들이 많다. 글 쓰는 사람이지만 정말 그것만은 아직도 제대로 표현하지 못하였다고 생각하는 그런 것들이 있다.

〈시크릿 가든〉의 어느 부분, 또는 그리그의 〈솔베이지 노래〉 첫 두 소절을 듣다가 여기서 그만 생을 멈추었으면 하는 생각이 드는 때가 있다. 앞으로 더 잘 살 것 같지 않아서, 남은 날들 그저 때묻고 부끄럽고 욕되게 살다가 갈 것만 같아서 차라리 이쯤에서 제 살을 깎아먹고사는 삶을 멈추어버리는 게 어떨까, 그런 생각이 드는 날이 있다. 그러나 더 선명하게 그 느낌 그 이유를 글로 표현하려고 해도 잘 표현되지 않는다. 가슴을 후려치던 피아노 소리의 느낌, 그 낱낱의 소리들을 따라가다 초겨울의 낙엽처럼 길가에 마구 뒹굴고 말던 내 마음이 글로는 하나도 표현되지 않을 때가 있다.

아, 어쩌면 좋은가. 글을 쓰는 일이 직업이 되어 있는데도 글로 다 표현하지 못하는 것들이 너무나 많으니.

가장 추운 곳에 서 있고 싶은 날

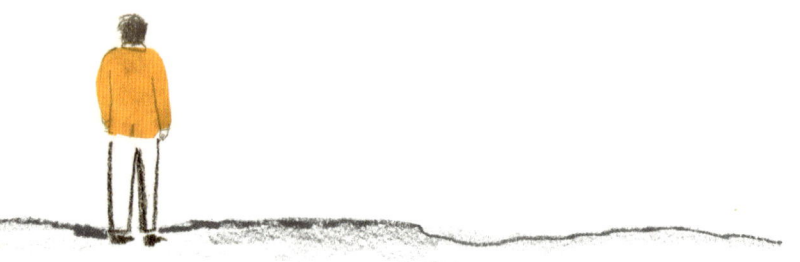

 진눈깨비가 내리다 그친 뒤 밤새 눈이 내려 길마다 꽁꽁 얼어붙었다. 세탁소에 다녀오는데 걸음을 떼기가 조심스럽다. 나는 몸이 느슨해지고 긴장이 풀어지는 여름보다 정신도 육체도 바짝 긴장하게 되는 겨울이 더 좋다.

 대학을 다니며 문학에 눈뜨던 시절, 나는 참으로 춥게 살았다. 월세 2천 원짜리 단칸방을 막아 윗방을 내 방으로 썼는데, 겨울에는 거기까지 불이 들어오지 않았다. 연탄 한 장으로 따뜻하게 할 수 있는 곳이 그저 아랫방의 아랫목 정도, 거기 다섯 식구가 잠자고 나는 책상 하나에 책꽂이가 있는 윗방에서 잠을 잤다. 가난한 동네의 골목길로 밀어닥친 바람이 문풍지를 찢어버릴 듯이 흔들고 가는 밤, 걸

레가 돌덩이처럼 얼어 있는 방, 온기라고는 하나도 없는 이불 속으로 들어갈 때면 이불 속이 바깥 기온보다 더 차갑게 느껴졌다. 덜덜 떨리는 몸의 온기로 이불도 서서히 제 살갗을 녹이는 밤, 다시 웅크렸던 몸을 펴고 엎드려 글을 썼다. 한겨울에도 따뜻한 곳에서 잠을 자보지 못하고 보낸 겨울, 그렇지만 그때 정신은 가장 뜨겁고 치열했다. 타협을 모르고 굴종을 몰랐다.

그래서 그런지 찬바람이 불고 눈발이 매섭게 쏟아지는 겨울이 오면 나는 습관처럼 긴장한다. 흐렸던 정신과 풀어졌던 몸도 다시 팽팽하게 당겨지고 무슨 대결의식 같은 것을 갖게 된다. 볼이 얼어 터질 것 같은 바람이 몰아치는 벌판으로 나가고 싶어진다. 거기서 다시 누군가와 무엇인가와 맞서고 싶어진다. 게을러지고 나태해져 가는 자신과 소리치며 싸우고 싶어진다.

가장 매서운 눈보라가 몰아치는 산꼭대기나 고갯마루에 자신을 놓아두고 싶어진다. 소심해지고 조심스러워지고, 자꾸만 움츠러들거나 때론 비겁해지기까지 하는 나를 가장 가파른 곳에다 세워두고 싶어진다.

손을 담그면 금방 잘려 나갈 것 같은 차가운 물이 흐르는 깊은 계곡에 나를 데려가고 싶어진다. 살면서 말로만 버렸다고 하고 실제로는 점점 불어나는 욕심, 명예와 자리와 재물에 대한 욕심과 어리석음을 얼음장 밑으로 흐르는 물에다 하나씩 하나씩 씻어내고 싶다.

가장 낮은 자리에 있음으로 해서 모든 물줄기가 그곳으로 모이고 거기 모여서 시냇물이 되어 먼 바다에까지 흘러가는 이치를 배우고 싶다.

다시 맑고 차가운 마음으로 돌아가고 싶다. 찬물로 얼굴을 씻으며 다시 주먹을 쥐고 이를 물며 깨끗한 마음으로 돌아가고 싶다. 우리 삶에 왜 겨울이 있는 건지, 왜 매섭고 찬바람이 불어오고 대지가 꽝꽝 얼어붙는 것인지, 그동안 우리가 키운 것 애지중지하며 가꾸어온 것들을 왜 다 쓸어버리고 거두어 가는 건지 그런 의미를 생각하며 눈보라를 속에서 먼 길을 걸어가고 싶다.

내 생애에
몇 번이나
더 있을 것인가

걱정하던 큰비가 비껴가고 오랜만에 맑게 갠 날 아침. 밝은 회색의 큰 덩어리를 이룬 층쌘구름이 천천히 흘러가는 걸 보며 〈아베마리아〉를 듣는다. 빗줄기를 용하게 견디어내고, 도리어 더 파래진 모과나무 잎들이 아침 햇살을 받아 반짝반짝 빛난다. 쫓기며 출근길을 서둘러야 하는 바쁜 아침 시간, 단 5분의 짬을 내어 음악을 들으며 아침 하늘을 바라보는 이 짧은 여유로움. 이런 시간은 내 생애에 몇 번이나 더 있을 것인가.

    가톨릭 성가 44번 〈평화를 주옵소서〉를 함께 부르는 저녁미사 시간. '날 이끌어 주옵소서. 내 가는 길 힘드오니……' 이렇게 시작할 때는 가슴이 메다가 "평화, 평화, 평화를 주옵소서!" 하고 참 평화를 갈망할 때는 다시 마음이 차분하게 가라앉는 노래. 성당을 가득 메우는 합창 소리를 따라 내 전체가 그 속으로 녹아 들어가는 그런 간절한 노래를 부를 수 있는 시간은 내 생애에 몇 번이나 더 있을 것인가.

 길을 걷다가 음악학원 2층 창가로 흘러나오는 첼로 소리에 문득 발이 멈추어지는 때가 있다. 하루 일을 끝내고 돌아오다가 만나는 불타는 저녁노을, 집으로 가기 위해 왼쪽으로 방향을 틀지 말고 서쪽으로 서쪽으로 노을을 바라보며 더 가고 싶은 날이 있다. 내키지 않는 글을 쓰려고 끙끙거리고 있을 때 들려오는 풍경소리, 그래서 그 소리 듣느라고 결국 펜을 놓아 버리는 날이 있다. 멈추고 싶을 때 멈추고, 가고 싶을 때 갈 수 있는 날은 내 생애에 몇 번이나 더 있을 것인가.
 빗소리를 들으며 나누는 입맞춤. 그가 먼저 끌었는지 내가 먼저 다가갔는지 알 수 없지만 부드럽게 입술이 닿는 걸 느끼며 그의 마음을 내가 다 받아들일 것 같은 생각이 드는 밤. 빗소리가 멀어졌다 가까이 다가왔다 하는 동안 오래도록 이렇게 한 몸이 되어 따스한 체온을 나눌 수 있었으면 하고 바라는 밤. 그런 애틋한 밤은 내 생애에 몇 번이나 더 있을 것인가.
 온갖 시련과 박해와 고난을 뚫고 힘겹게 승리하는 사람이 있다.

죽을 고비를 넘기고 수배와 투옥과 고문을 당하며 모진 세월을 살아이겨 그가 만인 앞에 우뚝 서는 걸 보는 날이 있다. 바위 틈새에서 자랐어도 이제는 더 이상 고개를 숙이지 않고 당당하게 얼굴을 들고 자신을 드러내는 동강할미꽃같이 아름다운 사람이 있다. 남들이 눈여겨보아 주든 보아주지 않든 꼭 해야 할 일이라고 믿는 일을 뚝심 있게 밀고 나가는 사람이 있다. 옳다고 믿는 일을 하며 한평생을 곧게 사는 사람이 있다. 그런 사람들이 만들어가는 승리하는 역사를 내 생애에 앞으로 몇 번이나 더 볼 수 있을 것인가.

잔디밭을 맨발로 걸어보세요

    밤에는 은빛 별들이 가득 떠서 반짝이던 하늘이 낮에는 흰 구름 몇 개를 띄워놓고 멀리 물러나 있습니다. 밤에는 별빛이 내려와 반짝이고 새벽엔 눈썹달의 은은한 숨결에 젖던 마당 잔디밭이 낮에는 서늘한 가을 햇볕과 바람으로 가득합니다. 다람쥐 한 마리가 들마루 끝에 와서 빠끔히 얼굴을 내밀고 쳐다보다가 물가로 내려갑니다.

    잔디밭 위에서 호두를 널어 말렸습니다. 호두의 풀색 겉껍질만 보고 다른 과일과 같이 부드러우려니 생각하고 쪼았다가는 딱딱한 속껍질 때문에 새들이 부리를 다치기 십상일 것 같은데, 다람쥐는 용케도 잘 까서 먹습니다. 다람쥐가 그랬는지 새가 그랬는지 구멍을 내 놓은 것들과 껍질이 다 벗겨진 것들을 따로 골라 놓으며 호두 겉

껍질을 벗겼습니다. 금세 손톱 밑이 거무스레하게 물듭니다. 다람쥐가 구멍을 내 놓은 호두를 버리고 돌아오다가 생각해보니 버릴 게 아닙니다. 다람쥐들 먹게 주면 좋을 것 같습니다. 다시 가져다가 보리수나무 밑에다 갖다놓았습니다. 보리수나무 밑에는 하루에도 몇 번씩 다람쥐들이 다녀갑니다. 한 무더기 더 갖다놓았습니다. 산에서 난 것들이 어찌 다 사람들만의 것이겠습니까. 다람쥐 얼굴이 반질반질 윤이 나는 것도 호두를 잘 먹어서 그런 건 아닌가 싶습니다.

 호두를 들고 왔다 갔다 하는 동안 맨발로 밟는 잔디의 느낌이 좋습니다.
 맨발로 거닐 때는 천천히 걷게 됩니다. 걸음걸이가 느려집니다. 발바닥에 닿는 잔디의 느낌이 좋아서 빨리 걷게 되지 않습니다. 부드러움, 부드러운 평화로움, 가볍게 찌르며 다가오는 풀의 감촉을 표현할 적당한 말을 찾아보려고 애를 쓰는데 잘 찾아지지 않습니다. 발이 아니라 가슴에서 느껴지는 짜릿함 같은 것도 있습니다. 부드럽지만 성적인 쾌감과 비슷한 게 아닐까 싶은 간지러움이 전해져 오는 것 같기도 합니다.
 사람들에게 잔디를 맨발로 밟아보라고 하면 반응이 각양각색입니다.
 "좋은데요." 그러고는 다른 말로 표현을 못하겠다는 사람이 많습니다. "편안해요." "부드러운 감촉이 좋아요." "그냥 기분이 참 좋았어요. 따갑기는 하지만 까슬까슬한 느낌도 좋고…… 자연의 아름다움을 내 살갗으로 느끼는 기분이 정말 좋았어요." "자연인이 된 느낌이랄까, 기분이 너무 좋았고 좀 더 자유로워진 것 같고 그래요."

그렇게 말하는 사람이 있는가 하면, "발바닥에서 기가 느껴져요" 하는 사람도 있습니다. 그건 좀 과장된 표현이 아닌가 싶습니다. 새벽에 젖은 잔디를 밟았을 때는 이슬이 주는 싸늘한 각성의 기운, 차갑게 찔러오는 신선한 냉기 같은 건 느껴지지만 땅의 기가 몸을 타고 올라오는 경험 같은 건 못 느껴봤거든요. 내가 말을 꺼내기도 전에 신발과 양말을 벗고 잔디와 바위를 거니는 사람이 있는가 하면, "닭똥 조심해요" 하는 사람도 있습니다.

재미있는 건 학생들이 왔을 때였습니다. '신발을 벗다니. 남의 집에서, 마당에서 그래도 되나?' 이 생각이 제일 먼저 들더랍니다. '그러면 안 되는데', '안 되는 게 아닐까?' 이 생각이 앞서서 주저주저하게 되더라고 합니다. 삶에는 지켜야 할 세세한 규칙과 범절이 있고 그런 규칙을 지키지 않으면 남들로부터 비난을 받는다는 생각에 오래 길들여져 살아온 때문일 것입니다. 삶에는 물론 지켜야 할 예절이 많지요. 그런데 그렇게 지키기만 하면서 살다 보니 남 앞에서 양말 하나 벗고 맨발로 있는 것도 조심스러워지고 만 것은 아닐까요.

  평생을 우리는 정해진 룰대로 입고 신은 채 아스팔트나 계단이나 지하도의 긴 터널 속을 걷습니다. 우리가 걷는 길은 지루한 길, 딱딱하게 포장된 길, 닫힌 길, 숨 쉬기 힘든 길이 많습니다. 발을 편하게 해주고 마음도 편하게 열어놓고 오솔길, 숲길, 강둑길을 천천히 걸어 보는 시간이 많아질수록 우리는 그만큼 여유 있는 삶을 산 것일 텐데요. 맨발로 밭 흙이나 풀이나 모래를 밟는 시간이 많아질수록 우리는 건강하게 살게 됩니다. 자연과 가까워지는 만큼 마음도 자연을 닮게 되고 자연을 닮으면 너그러워지고 편안해집니다. 마음에 넉넉한 여백이 많아지기 때문입니다.

  호두 따던 날, 잔디밭에서 저녁을 먹는데 닭들이 옆에 와서 서성거리다가 중병아리 한 마리가 밥상 위로 뛰어 올라왔습니다. 사람들이 지르는 소리에 놀란 중병아리는 맛있게 무쳐놓은 묵과 김치와 반찬그릇을 황급하게 밟고 지나갔습니다. 그런데 선생이 "괜찮아, 닭은

맨발이잖아." 그렇게 말해서 한참 웃었습니다. 그 말을 하면서 바로 묵 하나를 집어먹어서 사람들을 더욱 놀라게 했습니다. 그러고 보니까, 닭 모이 줄 생각도 안 하고 우리끼리만 저녁을 먹고 있었습니다. 숲 속에서 하루를 보내는 동안 생각에도 흙냄새가 묻고 마음도 풀빛이 물드나봅니다.

어머니,
나의 어머니

며칠째 몸이 좋지 않아 누워 있는데 전화가 왔다.

"뭐 좀 먹었냐?"

어머니이시다.

"예, 곧 먹을 거예요. 에미가 아침에 죽 쑤어놓고 간 게 있어서요."

"먹을 만해?"

"예, 걱정 마세요."

"내가 가서 뭘 좀 만들어줄까?"

"아니에요. 됐어요."

"네 건강 네가 알아서 잘 챙겨. 내가 어떻게 해줄 수가 있니, 자주 움직일 수가 있니."

"알았어요. 걱정 마세요."

작년 초에 뇌경색으로 쓰러졌다가 일어나신 후에 계단 오르내리는 것도 힘들어하시면서 아직도 자식 걱정을 놓지 않으신다. 맞벌이하는 자식 내외가 직장 일 말고도 다른 일로 늘 바쁘게 종종걸음을 하는 걸 아시는지라 일주일이 멀다 하고 반찬을 만들어 주시고 김치도 담가다 주시면서도 늘 더 어떻게 도와주지 못해 미안해하신다.

우리 세대의 어머니들이 대부분 다 그러시듯 우리 어머니도 늘 자식들에게 무얼 어떻게 더 해주지 못해 걱정을 하신다. 그래서 늘 받기만 하고 갚아드리지 못한 죄스러움을 가슴에 품고 산다.

생각해보면, 어머니 때문에 가장 마음 아픈 것은 어머니의 평범한 소망을 이루어 드리지 못한 점이다. 자식에 대한 어머니의 소망은 대단한 것이 아니었다. 비슷한 사람과 만나서 아들 낳고 딸 낳고 오순도순 행복하게 사는 것이었다. 가족들 건강하고, 남에게 욕먹을 짓 하지 않고, 험한 세상 만나지 않으며, 경제적으로 너무 쪼들리지 말고, 애들 무럭무럭 잘 크고 그렇게 사는 것이었다. 평범한 생활과 소박한 행복, 그런 것을 바라셨다.

일본 사람들 밑에서 빼앗기고 짓눌리며 어린 시절을 보내셨고, 결혼하자마자 살벌한 전쟁터에 남편을 보내놓고 아슬아슬한 삶을 살았으며, 전후의 폐허와 가난 속에서 자식을 키우며 살아오신 어머니가 바라는 평범한 행복은 평화롭고 단란하며 인간답게 살아가는 삶에 대한 기대일 수도 있다고 생각한다.

 그러나 나는 어머니의 그 모든 기대를 저버렸다. 결혼 생활은 건강 문제로 어려움이 많았고, 며느리는 갓난아이 둘을 시어머니에게 맡긴 채 저 세상으로 가버렸다. 자식은 험한 세상을 만나 험하게 그 길을 헤쳐 나간다고 여기저기 쫓겨 다니고 있었고, 어린 남매는 어머니가 키우셔야 했다. 하나는 등에 업고 하나는 팔에 안고 달래는데 하나가 울면 다른 한 녀석도 따라 울었다.

 그런 어린 자식들을 어머니에게 맡기고 나는 기어코 감옥으로까지 끌려가고 말았다. 험한 세상 만나지 말고, 남에게 손가락질 받지 않으며, 험한 일 겪지 말고 살기를 바라던 어머니의 꿈은 산산조각 나버렸다. 한순간에 고아같이 되어버린 손자들을 키우며 어머니는 매일 교도소로 면회를 오시었다.

 반독재 민주화 운동이니, 교육 운동이니 하는 것들은 사람들마다 분명한 자기 견해를 가지고 있는 사안들이라서 주위 사람들이 이 말 저 말 하는 소리를 듣고 있어야 하는 어머니의 심정은 말할 수 없이 괴로우셨을 것이다. 아버지는 부자지간의 의를 끊겠다고 화를 내시고 친척들이나 성당분들, 동네 사람들까지도 걱정하던 당시에 어머니 혼자 감당하셨을 눈물과 아픔이 얼마나 크셨을까.

 시집 와서는 앞 못 보는 시아버지를 수족이 되어 공양하시고, 중풍 든 시어머니 병 수발하느라 온갖 시집살이를 하고, 새끼들 굶기지 않으려고 멸치 장사며 막일이며 마다하지 않고, 나이 들어서는 병든 시동생 죽을 때까지 간호하고 돌보았으며, 고아가 되어버린 조카들 데려다 키우고, 이제 손자들에다 자식 옥바라지까지 해야 하는 어머니의 심정은 얼마나 찢어지셨을까.

생각이 여기에 이르면 눈물이 앞을 가려 글을 쓸 수가 없다. 몇 번씩 자리에서 일어나 흐르는 눈물을 닦고 마음을 진정시키기 위해 심호흡을 한다. 평생 갚아도 다 갚지 못할 큰 잘못을 한 것이다. 거기다 출옥한 이후에 해직 생활 10년……. 어머니가 바라시는 평범하고 소박한 행복과는 정반대되는 삶을 나는 살았다. 아이들과 오순도순 행복하게 지내지 못했고, 식구들은 건강하지 않았으며, 모진 일들을 숱하게 겪고, 남들에게 욕을 얻어먹거나 비난을 받아야 했고, 경제적으로나 정신적으로 불안한 나날을 보냈다.

그런 시절을 보내고 이제 칠십을 훌쩍 넘긴 채 몸이 자유롭지 못한 어머니는 병이 재발하면 몸을 제대로 추스르지 못해 자식들에게 짐이 될까 봐 속으로 걱정을 많이 하신다. 당신보다는 자식들, 주위 사람들, 가족들 걱정을 하며 평생을 살아오셨다.

내가 쓰는 글에 혹시 선한 마음의 바탕이 깔려 있다면 그건 어머니에게서 물려받은 것이다. 내가 쓰는 시가 부드럽고 온유한 데가 있다면 그건 어머니의 성품을 따른 것이다. 내 삶과 글에서 묵묵히 고통의 한가운데를 걸어 그 고통의 끝을 빠져나가는 모습을 발견할 수 있다면 그것 역시 어머니의 삶에서 터득한 것이다. 내가 거칠고 험한 세상을 살아가면서 사람에 대한 믿음과 희망을 놓지 않고 거기서 희망을 발견해야 한다는 글을 쓰고 있다면 그건 어머니의 삶에서 깨달아 안 것이다.

내가 만일 남을 위해 가진 것을 다 내주고 희생하면서도 기뻐하는 마음이 있다면 그것도 어머니에게서 배운 것이다. 욕심 내지 않고 소박하게, 순하게 살며 어떤 경우에도 남을 악하게 대하지 말자는 말을 하고 있다면 그것 또한 어머니의 소리 없는 가르침을 따른 것이다.

어머니는 그런 분이시다. 학교 문턱도 제대로 밟아보지 못한 우리 어머니. 그러나 어머니는 말로 나를 가르치신 적이 별로 없다. 삶으로 그걸 보여주셨을 뿐이다. 어찌 어머니의 삶의 가르침을 넘어설 수 있으랴.

고요히 있으면 물은 맑아진다

　나를 처음 만나는 사람은 반가워하면서도 긴장한다. 내가 아주 조용한 모습으로 지내거나 접근하기 까다로운 사람일 거라는 생각을 한다. 그러나 여러 번 자리를 같이하거나 함께 지내면서 흉허물이 없는 사이가 되면 다시 고개를 갸우뚱거린다. 먹고 마시고 이야기하고 재미있게 놀고 농담을 해대며 입이 찢어져라 웃는 모습을 보고서는 글을 읽을 때 상상하던 모습과 너무도 다르다고 한다.
　그런 여러 가지 모습이 다 내 모습이란 걸 보면서 혼란스러워 한다. 그럴 수 있다고 생각한다. 사람들은 누구나 어느 장소 어떤 시간 중에 접한 그 사람의 이미지를 그의 모습이라고 생각한다. 어쨌든 그런 여러 가지 모습이 다 내 모습이란 걸 나는 안다.

고요한 새벽 연못처럼 맑게 고여 있는 것도 내 모습이고, 물고기를 잡기 위해 뛰어다니는 아이들과 뒤섞여 함께 즐거워하다가 흙탕물이 된 모습도 내 모습이다. 미역을 감도록 자리를 내주고 한가하게 누워 있는 모습도 내 모습이고, 낚시꾼에게 가진 걸 매일 빼앗기면서 한마디도 못하는 게 또한 내 모습이기도 하다. 어떤 때는 배에서 흘러나온 기름으로 오염되어 있기도 하고, 가뭄으로 바닥이 다 드러나 숨을 헐떡이고 있는 것도 내 모습이다.

그러나 나는 돌아서면 늘 고요한 자기 모습으로 돌아온다. 햇빛 속에서는 햇빛과 지내고 먼지 속에서는 먼지와 함께 있지만 혼자가 되면 평상심으로 돌아온다. 하루에도 몇 번씩 자기 자신으로 돌아온다. 틈만 나면 내 본래 모습으로 돌아오고자 의식적으로 노력한다. 그러기 위해 혼자 조용히 있는다. 조용히 있으면 연못의 흙탕물이 가라앉아 맑아지듯이 그렇게 맑은 마음으로 돌아온다. 그것도 내 얼굴 중에 하나고, 그럴 때 만나는 글들도 내 마음의 편린이라고 생각한다. 그것뿐이다. 두 얼굴, 여러 얼굴을 갖는 것이 아니라 물이 물결을 이루다가 잔잔해지거나, 흐려졌다가 가라앉는 것과 같은 변화가 있을 뿐이다.

글이 써지지 않아 괴로울 때 유난을 떨거나 기이한 행동으로 오체투지(五體投地)를 하지도 않는다. 글을 쓰기 위해 어디다 따로 오피스텔을 잡거나 거창한 서재를 마련하지도 않았다. 자기 자신의 마음을 되찾기 위해 야단법석을 벌이거나 괴로움을 호소하며 나다니지 않았다. 그건 물이 맑아지게 한다고 뛰어들어 가 물바가지로 흐린 물을 퍼내고 있는 것이나 같다고 생각한다. 흙탕물이 있는 곳을 찾아다니며 제 발길, 제 몸짓으로 끊임없이 흐린 물을 만들어내고 있으니 그 몸짓 끝나기 전에는 물이 맑아질 리 없다.

고요히 있는 것이 최선이다. 가만히 있으면 흐린 것은 아래로 가고 물은 맑아진다. 마음도 그렇다고 생각한다. 맑아지면 마음의 본바탕과 만나게 된다. 맑아지면 선해지고 선해지면 욕심도 삿됨도 가라앉게 된다. 허정무위(虛靜無爲)의 세계를 만나게 된다. 그런 시간에 중요한 것을 결정하고 그런 순간에 많은 생각을 하게 되면 깊이 있는 사람이 된다. 물론 나머지 시간은 또 화광동진(和光同塵)하며 지낸다.

바람이 나무를 흔들지만 영원히 흔들고 있는 바람은 없다. 불던 바람은 가고 나무는 다시 본래의 제 모습으로 서 있게 된다. 먹구름이 하늘을 가리고 천둥 번개가 하늘을 가르기도 하지만 구름은 반드시 지나가게 되어 있다. 그러면 하늘은 언제나 제 빛깔로 거기 있지 않은가.

나무보살
물보살

    겨울 산사에 갔다. 절까지 가는 동안 길 옆에 서 있는 나무들이 장엄하였다. 안아주고 싶었다. 그러나 안아도 다 안을 수 없는 나무의 색신(色身)은 차라리 법신(法身)이라 부르고 싶었다. 인적이 끊긴 산사의 한적한 오후, 나무들은 적멸 속에 서 있었다.

    제가 가졌던 것을 다 주고도 담백하게, 담담하게 서 있는 모습이 나무를 오백 년 천 년씩 살게 한다. 봄에 피었던 꽃도 여름에 무성했던 나뭇잎도 가을에 알차게 맺은 열매도 다 돌려주고 지금은 빈 몸이다. 사람이 원하면 사람에게 주고 산이 원하면 산에게 돌려준다. 저를 키워준 흙에게도 나누어주고 물이나 바람에게도 조금씩 나누어준다. 마지막에는 제 몸을 도끼로 쪼개 가지고 가도 그것까지 내준다.

　애당초 흙이나 바람이나 물이나 햇빛에게는 받은 게 있으니 받은 것 이상으로 되돌려준다고 하지만, 사람에게는 받은 게 없어도 제 몸을 내준다. 그저 끊임없이 주는 삶으로 일생을 산다. 이 어찌 보살이 아닌가. 나무의 삶이 보살행이요, 나무가 바로 보살이다.

　골짜기 얼음장 밑으로 맑고 투명한 물이 흐르고 있었다. 풍경 소리를 들으며 산 아래로 흘러가는 물은 불심으로 충만해 있었다. 그래서 물소리도 청아하였다 반야심경, 금강경, 독경 소리를 들으며 산골짜기를 나서서 그런지 물은 제가 만나는 모든 것을 이롭게 하면서 간다.

　산발치의 대나무 뿌리를 적시고 바위이끼를 자라게 하고 숲을 푸르게 한다. 들에 꽃이 자라게 하고 풀들이 눈뜨게 한다. 사람들에게 깨끗한 몸을 내주고 더러운 몸이 되어 강으로 돌아온다. 강과 바다로 가는 동안 수억의 물고기 떼를 살게 하고 다시 하늘로 제 몸을 돌려보낸다. 하늘이 부르면 언제든 되돌아간다. 하늘에서 받은 몸이니 언제든 하늘로 돌아갈 준비가 되어 있다. 하늘이 시키면 사막 한가운데도 가 있고, 눈보라 몰아치는 고원지대 꼭대기나 폭발한 화산의 입 안에도 가서 앉아 있다. 사람에게는 받은 게 없어도 사람들이 원하면 제 전부를 내준다. 그러면서도 자기가 남을 이롭게 하고 있다는 생각조차 하지 않는다. 무엇을 되돌려 받아야겠다는 생각도 물론 없다.

 그저 끊임없이 남을 돕는 삶으로 평생을 산다. 이 어찌 보살이 아닌가. 물의 삶이 보살행이요, 물이 바로 보살이다. 그래서 영원히 산다.

 우리는 조금 베풀고 그가 보답하기를 바란다. 우리는 조금 남을 이롭게 하고 남이 나를 위해 아무것도 하지 않는다고 속으로 화를 낸다. 주는 일 자체가 기쁨이요 그 기쁨 자체가 보답인데, 그래서 이미 받은 것인데 또 받을 생각을 하고 속을 끓인다. 어리석다. 그래서 보살되기도 어렵다. 그래서 나무처럼 오래 살지도 못하고 물처럼 영원히 살지도 못한다. 대숲의 바람 소리 물소리 속에서 나무보살 물보살, 나무보살 물보살 되뇌인다.

나무는
생의 절반 가까이를
훌훌 벗어버리고
산다

　겨울이 되면 언제나 가고 싶은 곳이 있다. 그중의 하나가 동강이다. 동강이야 사시사철 좋지만, 그중에서도 쓸쓸할 대로 쓸쓸한 겨울의 풍경이 나는 사무치게 좋다. 여름처럼 찾아오는 사람이 많지 않아서 좋고, 휴가를 즐기러 오는 사람들로 떠들썩하지 않아서 좋다.

　물소리도 세찬 기운을 죽이고 소리 없이 흐르며 그 위로 섶 다리가 놓여 있는 풍경도 좋다. 그 섶다리 위를 걸어서 강을 건너는 것도 좋다. 다리를 건너는 동안 내가 지금 이 다리를 건너서 누군가를 만나러 가는 것 같아서 좋고, 강 건너 저쪽 눈 속에서 누군가 나를 기다리고 있는지도 모른다고 생각하는 시간이 좋고, 이윽고 섶다리를 다 건넌 뒤 아무도 없다는 것을 확인하는 쓸쓸한 순간이 좋다. 쓸쓸한 풍경과 함께 오랫동안 서 있는 시간이 좋다.

　우리는 너무 많은 날을 사람과 일에 묻혀 지낸다. 마음 놓고 쓸쓸할 수 있는 시간조차 많지 않다. 그동안 우리는 나 아닌 것들의 기쁨을 위하여 살아오느라 나를 위한 시간을 낼 수 없었다. 겨울 동강에 가면 나를 한가하게 강가에 버려둘 수 있어서 좋다. 가끔은 나를 이렇게 혼자 있게 내버려두었으면 좋겠다. 조바심 내지 말고, 초조해하지 말고 쫓기지 말고, 서두르지도 말고 그저 몇 시간이고 며칠이고 저 혼자 있게 두었으면 좋겠다.

　겨울 동강은 엄청난 침묵으로 우리를 감싸고, 거대한 쓸쓸함과 적막감으로 우리를 덮어버린다. 겨울 동강에서 만나는 풍경들은 그것이 산이든 물이든 얼음이거나 쌓인 눈이거나 다 나를 씻어내고 맑게 하고 선하게 한다.

　생의 절반 가까이를 나무들은 훌훌 벗어버리고 산다. 겨울 동강에서 그걸 알았다. 빈 몸 빈 가지로도 얼마든지 아름다울 수 있다는 것을 나무들은 보여준다. 나무들만이 아니라 산도 그렇다. 다 벗어버린 산의 육중한 골격이 주는 수묵의 아름다움은 어디를 옮겨놓아도 한 폭의 그림이다.

　다 버리고도 아름다울 수 있는 모습을 오래오래 마음의 눈으로 바라보며 가슴에 담아오게 된다. 이름에 대한 헛된 집착, 명예에 대한 욕심, 이익을 따지고 계산하게 되는 마음, 가당찮은 욕망과 망상, 그

리고 일에 대한 욕심까지, 버릴 수 있는 것은 다 버려야 한다. 동강의 줄기를 따라 내려오면서 버리고 나서도 아름다울 수 있는 길을 생각한다. 그리고 소리 없이 흐르며 깊어지는 강물처럼 사는 길을 생각한다.

훌훌 털어버리고도 아름다운 겨울나무 한 그루를 가슴에 담아두면 그 나무는 내가 시를 쓸 때마다 나타나 여백의 한 귀퉁이에 자리를 잡고 선다. 거기 서서 빈 나뭇가지를 소리 없이 흔들거나 가지들 사이로 맑은 허공을 보여준다. 나는 그 풍경 위에다 시를 쓰곤 한다.

연암 박지원은 이렇게 말한 적이 있다.

정신이 깃들어 있지 않고는 훌륭한 그림이랄 수 없다. 잣나무를 그리려거든 잣나무의 형상에 얽매이지 마라. 그것은 한낱 껍데기일 뿐이다. 마음속에 푸르른 잣나무가 서 있지 않고는, 백 그루 천 그루의 잣나무를 그려놓더라도 잎 다 져서 헐벗은 낙목과 다를 바가 없다. 정신의 뼈대를 하얗게 세워라.

내 마음속에 잣나무 한 그루가 튼튼히 서 있지 않고는 잣나무 한 그루도 제대로 그릴 수 없다는 것이다. 의재필선(意在筆先), 그림을 그리되 붓보다 뜻이 먼저라는 것이다. 정신이 살아 있어야 한다는 것이다. 중요한 것은 사생(寫生)이 아니라 사심(寫心)이라는 것이다.

배우들도 그래야 하지 않을까 싶다. 표현하려는 인물의 외형만을 중시할 것이 아니라 그 인물을 마음으로 읽어내는 일이 우선이어야 한다고 생각한다. 정신으로 그를 그릴 수 있어야지 형상만을 모방하는 데서 그쳐서는 안 될 것이다. 그저 단순하게 겉모습만을 모방하는 형사(形似)가 아니라 마음으로 닮는 심사(心似)의 자세를 가져야 할 것이다. 재주만으로 그를 연기하는 것이 아니라 마음속 깊은 곳에서 그를 받아들이고 그를 되살려낼 수 있어야 한다고 생각한다.

그러기 위해서 나는 마음을 겨울 동강처럼 비울 수 있다면 얼마나 좋을까 하고 생각한다. 빈 마음의 옆자리에 겨울나무 한 그루씩 간직하고 산다면 얼마나 좋을까 하는 생각을 한다.

그 나무가 어떤 나무이어도 좋다. 모두들 가슴속에 나무 한 그루씩을 심고 가꾼다면 얼마나 여유로울까. 그 나무에 바람이 불고, 비가 내리고, 파란 싹이 돋고, 한 해에 한두 번 꽃이 피고 잎이 지는 걸 편안히 바라볼 수 있다면 얼마나 좋을까. 내가 힘들고 지칠 때면 그 나무에게로 달려가 하소연하고, 그 나무둥치에 편안히 등을 기대어 쉴 수 있다면 말이다.

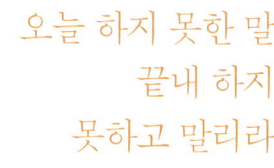

오늘 하지 못한 말 끝내 하지 못하고 말리라

아파트 입구 시내버스 타는 곳 옆에 과일장수 아주머니가 있다. 길거리에 사과나 포도, 참외, 수박을 놓고 판다. 우리 어머니 말씀으로는 그렇게 길거리에서 과일을 팔아 모은 돈으로 성당 건립 기금도 내고 남을 돕는 어려운 일 궂은일에 앞장을 선다고도 한다. 좋은 분이라는 이야기를 듣고 과일을 사려면 거기서 사야지 하면서도 몇 번 들르지 못했는데, 엊그제 가 보니 그 아주머니는 어디론가 가고 없고 다른 사람이 앉아 있다. 속으로 나 혼자만 생각했지 오가며 인사도 제대로 못 나눈 것이 마음에 걸린다.

은행에서 아버지를 만났다. 자동 납부에 관한 서류를 처리하러 갔었는데 아버지도 세금을 내러 오신 것이다. 아버지와 같이 있다가 아버지 차례가 된 걸 보고 마감 시간 전까지 다른 은행 한 군데를 더 들러 처리해야 할 일이 있어 먼저 가야 할 것 같다며 인사를 하고 나왔다. 바깥 날씨가 더운데 아버지를 집에까지 모셔다 드리고 나서 일을 볼걸 그랬나 하는 생각이 든다. 입추가 지났다지만 아직도 늦더위가 가시지 않은 길을 걸어 혼자 집에까지 가실 걸 생각하니 잘한 것 같지가 않다.

시내 한복판을 지나 내가 부탁한 물건을 찾으러 가는 길에 다리가 잘린 걸인을 만났다. 두 다리가 없는 몸을 바퀴 달린 판에 엎드려 의지하고 움직여 가는 그의 머리맡에 동전 바구니가 있었다. 주머니에 손을 넣으니 마침 동전이 하나도 없었다. 왼쪽 주머니에도 없었다. 걸어가면서 양쪽 주머니를 뒤지는 사이 내 발걸음은 그 사람을 지나쳐 가고 말았다. 지갑에서 지폐를 꺼낸다는 생각을 하지 못한 건 번거로움 때문이었을까, 그런 생각과 민망한 생각이 교차하는 사이에 나는 사람들 사이에 묻혀 이미 멀리까지 와 있었다.

오랜만에 많은 사람들이 모이는 자리에 갔었다. 거기서 옛날에 크게 다툰 사람과 만났다. 인사를 나누었지만 서로 어색한 얼굴이었다. 옆에 있는 여러 사람들과 인사를 나누고 해야 할 짧은 일을 마치고 다시 그 자리에 와보니 그는 가고 없었다. 그가 앉았던 빈자리가 크게 눈에 들어왔다. 나도 그를 보기가 편치 않았던 것처럼 그도 나를 만나는 것이 편치 않았으리라. 언제까지 이렇게 풀지 않고 지내야 하나, 그 생각을 하면서 마음이 무거웠다.

살다 보면 그때 그 자리에서 하지 않아서 그만 끝내 못하고 마는 일들이 있다. 작은 일이었는데, 할 수 있었는데, 어찌어찌 하다가 놓치고 다시 하기도 어색하여 오래 후회하거나 마음 한구석에 늘 걸려 있는 일들이 있다. 마음은 그게 아니었는데 하면서도 그 마음 끝내 전달할 기회를 만나지 못하고 혼자만 담아두고 있는 일들이 있다. 그래서 오늘 하지 못한 말, 끝내 하지 못하고 세월 속에 묻혀 버리는 때가 있다. 오늘 쓰지 못한 편지, 끝내 쓰지 못한 채 흐르는 시간에 묻혀버리는 날이 있다.

행복이란
만족한 삶이다

"옥수수 있어요?"

길가에 차를 세우며 제가 묻자 젊은 아낙은 대답 대신 자기 남편인 듯한 남자에게 묻습니다.

"다 삶아졌을까?"

남편으로 보이는 남자는 과일 상자로 막아놓은 포장을 걷으며 머뭇머뭇 대답을 안 합니다. 다 삶아졌는지 아직 덜 되었는지 자신 있게 대답을 못하는 것 같습니다.

묻지도 않고 내가 이천 원을 내밀자 솥에서 김이 무럭무럭 나는 옥수수 세 개를 꺼내 봉지에 담으면서 아낙은 다시 남편에게 묻습니다.

"이천 원 맞아?"

이번에는 남자가 "응" 하고 대답을 합니다. 장사를 많이 해본 것 같지는 않고 직접 농사지은 걸 팔러 나온 사람들 아닌가 싶습니다. 밖에 나갔다 길에서 옥수수 파는 걸 보면 저는 그냥 지나치지 않습니다. 걸음을 멈추거나 차를 세우고 옥수수를 삽니다. 옥수수를 사들고 돌아오는 길 내내 저는 행복합니다.

옥수수를 좋아하지만 많이 먹지는 못합니다. 한 개를 먹거나 한 개 반 정도면 족합니다. 두 개를 먹으면 속이 거북합니다. 잘 익어서 연분홍빛이 감도는 복숭아도 한 개만 먹으면 배가 가득합니다. 감자를 삶아도 한두 개면 배가 부릅니다. 그 이상은 양이 많습니다.

제가 좋아하는 기호식품은 몇 가지 더 있습니다. 겨울에는 호두나 밤도 좋아해서 재래시장에 나가 직접 사들고 오곤 합니다. 그런데 호두도 세 개 정도 먹으면 적은 듯하고 너댓 개는 많습니다. 옥수수나 호두, 밤 이런 것들을 앞에 놓고 있으면 행복합니다.

행복이란 만족한 삶이라고 했습니다. 자기가 만족할 수 있으면 무엇을 먹든, 무엇을 입든, 어떤 일을 하든 그건 행복한 삶입니다. 우리의 불행은 결핍에 있기보다 부족하다고 느끼는 결핍감에서 온다는 말이 있습니다. 그것도 다른 사람과 비교하면서 느끼는 상대적인 결핍감에서 비롯된다고 합니다.

플라톤은 행복의 조건으로 다섯 가지를 듭니다.

첫째, 먹고 입고 살고 싶은 수준에서 조금 부족한 듯한 재산.

둘째, 모든 사람이 칭찬하기에 약간 부족한 용모.

셋째, 사람들이 자신이 자만하고 있는 것에서 절반 정도밖에 알아주지 않는 명예.

넷째, 겨루어서 한 사람에게 이기고 두 사람에게 질 정도의 체력.

다섯째, 연설을 듣고서 청중의 절반은 손뼉을 치지 않는 말솜씨가 그것입니다.

그가 생각하는 행복의 조건들은 완벽하고 만족할 만한 상태에 있는 것들이 아닙니다. 조금은 부족하고 모자란 상태입니다. 재산이든 외모든 명예든 모자람이 없는 완벽한 상태에 있으면 바로 그것 때문에 근심과 불안과 긴장과 불행이 교차하는 생활을 하게 될 것입니다. 적당히 모자란 가운데 그 부족한 부분을 채우기 위해 노력하는 나날의 삶 속에 행복이 있다고 플라톤은 생각했습니다.

저는 올해 들어서 아직 한 벌의 옷도 사지 않았습니다. 특별한 필요를 느끼지 않았기 때문입니다. 그러나 옷 때문에 하루도 불편한 적이 없었습니다. 오히려 계절이 바뀔 때면 안 입는 옷, 다른 사람에게 주자고 아내가 골라 놓은 옷이 옷장 위에 쌓이곤 했습니다. 우리가 분에 넘치게 가지고 있는 것들이 많다는 걸 우리는 잘 모르고 있습니다. 없는 것, 부족한 것이 무엇인가에 대해서 늘 더 많이 생각하며 살고 있기 때문입니다.

  제가 아는 ㅅ선생님은 명퇴를 하고 시골에서 농사지으며 사시는데 한 달에 1백만 원이면 충분히 생활을 할 수 있다고 하십니다. 충분한 정도가 아니라 먹고 입고 쓰고 남는다고 하십니다. 텃밭에서 가꾼 것들을 먹고 살면서 많던 병들도 없어지고 건강을 되찾았다고 하십니다. ㅅ선생님은 지금까지 살아온 당신의 생애 중에 요즘이 가장 행복하다고 하십니다.

  여성단체 일을 하시는 우리 고장의 ㅎ소장 같은 분들은 오, 육십만 원으로 한 달을 사시는데, 그 돈으로 혼자만 사는 게 아니라 장애인들 몇을 데려다 함께 사십니다. ㅎ소장님은 자신도 행복하고 남들도 행복하게 합니다. 행복은 자기가 하고 싶은 일을 하며 살되 만족할 줄 아는 사람에게 찾아옵니다. 행복은 물질적 풍요가 가져다주는 것이 아니라 만족할 줄 아는 마음에서 생긴다는 것을 그분들은 잘 보여주고 있습니다.

대지에
절해야 한다

　아침에 찻물을 끓이려고 주전자를 가스레인지 위에 올려놓고 불을 붙이는데 개미가 한 마리 툭 떨어진다. 잠시 무심하게 개미를 바라보다가 아차 싶었다. 개미가 불의 열기 때문에 죽을 수 있겠구나 하는 생각을 하면서 얼른 불을 끄고 주전자를 옆으로 옮겼다. 손가락으로 건드려보니 제대로 움직이지를 못 한다. 그래도 발을 꼼지락거리는 걸 보니 아직 죽지는 않은 것 같다. 그래서 밖으로 들고 나가 개미굴 입구에다 내려놓아 주었다. 입구에는 다른 동료 개미들이 많이 오가고 있으니까 살 길이 있으리라 싶었다.
　나무 탁자에 앉아 차를 마시면서 시집을 읽고 있으려니까 왕파리와 벌 한 마리가 드러누워 날개를 바르르 바르르 떤다.

집 안으로 들어왔다가 돌아나가는 길을 찾지 못하고 우매하게 유리창에 매달려 나가보려고 발버둥 치다가 기력이 다하여 방바닥에 떨어진 것들이다. 그것들도 마당의 풀섶에다 옮겨주었다. 풀잎에 맺힌 이슬로 목을 축이고 살아나면 다행이겠고 깨어나지 못하면 거기까지가 제 운명이리라.

풀이 한창 자라 오르는 여름이면 스님들은 발걸음도 조심한다고 한다. 마구 짓밟고 다니는 동안 우리가 이른 봄에 예쁘다고 하면서 이름을 알고 싶어하던 풀과 들꽃의 생명을 본의 아니게 꺾어버리게 되기 때문이다.

어제 후배교사 한 사람이 자기가 조그만 산 한쪽을 샀는데 '이게 내 산인데 진짜 저 산이 내 것인가' 하는 생각이 들더라고 하기에 내가 "산한테 물어봐. 산이 '네, 저는 당신 것입니다' 그렇게 대답할는지" 하고 말을 했다.

"산이 지금 우리 앞에 있기까지 수십억 년을 살아왔는데 언제부턴가 웬 사람이 나타나서 '너는 내 거야' 그러면 산이 뭐라고 할까." 그렇게 말하면서 웃었다.

"그래, 네 거 해. 그런데 너 앞으로 몇 년이나 더 네 거라고 하면서 살다가 갈 건데?" 하고 물으면 우리는 뭐라고 대답해야 할까.

자연은 자연의 것이다. 산은 산이 주인이고 나무는 나무가 자기의 주인이다. 대지는 대지의 것이고 우주는 우주 그 자체가 주인이다.

인간의 것이 아니다. 강과 땅과 산이 자기의 것이라고 말하는 것은 지나친 인간 위주의 사고방식이다. 인간이 자연의 모든 것을 내 마음대로 해도 된다는 건 이기적인 태도다. 오만한 자세다.

  인간이 그렇게 대단한 존재가 아니다. 인간도 자연 앞에 겸손해야 한다. 인간도 자연의 일부이고 우주의 일부이다. 인간이 소우주이면 산도 토끼 한 마리도 떡갈나무도 개미도 붓꽃도 저마다는 다 소우주를 이루고 있다. 그들과 더불어 사는 것이다. 잠시 같이 살다가 다시 자연으로 돌아가는 것이다. 절해야 한다. 삼보일배(三保一杯)하는 마음을 가질 줄 알아야 한다. 대지에 절을 하며 겸손해지고 대지에 절하며 사죄해야 한다. 인간은 그렇게 대단한 존재가 아니다.

전쟁터에서도 명상록을 남겼다

만물은 얼마나 빨리 소멸하는가? 육체는 우주 속으로 기억은 시간 속으로 순식간에 사라지고 만다. 모든 사물이 생겨나고 사라지는 그 본질은 무엇인가? 쾌락으로써 우리를 유혹하는 것들, 고통으로써 우리를 위협하는 것들, 공허한 명성으로 우리를 혼란하게 하는 그 본질은 과연 무엇인가? 그 같은 것들은 얼마나 가치 없고 천하고 열등하며, 얼마나 쉽사리 메마르고 사멸해 버리고 마는가.

마르쿠스 아우렐리우스의 말이다.
또 한 해가 저물고 있다. 올해는 겨울도 일찍 오려는지 단풍이 드는가 싶더니 금방 나뭇잎이 흙빛으로 변해 떨어진다. 또 한 살 나이가 는다. 어느새 내가 이런 나이가 되다니, 생각을 하면 마음이 무겁다. 아무것도 해놓은 일 없이 이렇게 세월 속에 자신을 흘려보내야 하는가 하는 생각에 조바심이 나기도 하고 무언가 다른 선택을 해야 하는 건 아닐까 하는 생각에 싸여 뜰을 서성거리게 된다. 이렇게 나이 들어가는 자신을 속절없이 바라보고 있는 일이 나뭇잎이 하나둘 떨어져 나가는 빈 가지를 바라보고 있는 나무의 심정과 같다고나 할까.

올해도 많은 일이 있었다. 많이 바빴고 많이 허둥댔으며 많은 곳을 쫓아다녔다. 새로운 일을 시작하느라 들뜨기도 했고, 그러다가 지쳐 쓰러지기도 했다. 새롭게 벌린 일에 대해 많은 기대를 하다 실망하기도 했고, 많은 사람을 만났으며 안타까운 이별로 가슴이 아프기도 했다. 내 진심을 알아주지 못하는 것 때문에 속이 상하기도 했고, 비판과 비난 때문에 상처도 받았다. 뜻대로 되지 않는 일이 많았으며, 빨리 이 시간이 지나가기를 바라기도 했다.

그 많은 것을 싸안고 시간은 흐른다. 세월의 강물은 영광도 고통도 상처도 기쁨의 순간도 다 물줄기에 싸안아 하류로 흘려보낸다. 아우렐리우스의 말대로 그것 때문에 그렇게 상처받고 들뜨고 감격했던 모든 것들은 지금 어디에 있는가? 생각해보면, 참으로 모든 것들은 순식간에 사라지고 만다. 매순간 그것 때문에 속을 끓이기도 하고 그것 때문에 열광하기도 했는데, 그 순간들도 빠르게 사라져버린다. 우리가 유혹에 빠지고 고통받고 혼란스러워했던 것들의 본질은 무엇인가?

  나 하나를 어떻게 끌고 갈 것인가. 그것 때문은 아니었을까. 지금보다 나은 삶을 살아보자는, 삶에 대한 열정은 아니었을까. 함께 행복한 삶을 살기 위한 길 찾기는 아니었을까. 천학비재(淺學菲才)하여 바로 이것이라고 단정하여 말할 수는 없지만 전쟁 같은 삶 속에서 자신을 잃지 않고 지키기 위한 싸움이었다는 생각이 들기도 한다. 한 해를 보내며 이런 사색에 잠기는 일 또한 자신을 지키기 위한 자기반성과 점검이 필요한 때문이 아닐까. 아우렐리우스는 황제로서 전쟁을 직접 지휘했다. 그는 전쟁터에서도 사색에 잠기며 명상록을 남겼다. 전쟁 같은 삶 속에서 우리는 얼마나 생각하며 행동하고 있는 걸까.

3

개나리 꽃밭 속에 계신 하느님

> 칼날을
> 세우는 동안
> 숫돌도 몸이
> 깎여 나간다

    내 어린 시절, 할아버지는 앞을 보지 못하면서도 용하게 칼을 잘 가셨다. 한참을 숫돌에 갈고 나서는 칼과 직각이 되는 방향으로 손끝을 대어 아주 가만히 만져보시고는 만족할 때까지 다시 갈곤 하셨다. 부엌에서 쓰는 크고 작은 칼이 무디어지면 어머니는 할아버지께 칼을 갈아달라고 하셨고, 그러면 할아버지는 장독대에 갖다 놓은 숫돌과 나무로 만든 숫돌 받침을 가져오라고 내게 시키셨다. 할아버지가 칼을 가는 모습은 참 신기했다. 그래서 나는 그 옆에 쪼그리고 앉아 물이 모자라면 물을 떠다 드리며, 칼 가는 모습을 하염없이 지켜보곤 했다.

    쓱쓱 칼이 갈리는 소리와 함께 하얗게 살이 드러나는 칼날의 모습은 가뿐함과 신선함을 주었다. 그뿐만 아니라 검은 때를 벗고 제 빛깔을 되찾으며 드러나는 그 예리함, 베어야 할 배추며 무며 고구마며 이런 것들의 살 속을 파고드는 부드러운 감촉, 팔놀림이 훨씬 수월해지는 것을 느낄 수 있는 가뿟한 어깨, 할아버지는 그런 것을 가져다주셨다.

나는 낫이나 칼을 그렇게 산뜻한 물건으로 바꾸어주는 숫돌을 들어 옮기면서 작지만 묵직한 숫돌을 늘 대단한 물건이라고 생각했다. 쇠로 만든 칼을 예리하게 벼리어주는 돌이니 어찌 예사로운 돌이라 하겠는가. 쇠보다 단단하고 쇠를 갈아서 다시 제 역할을 할 수 있게 해주고, 제 용도에 맞게 쓰일 수 있게 만들어주니 어찌 대단하다고 여기지 않을 수 있겠는가.

그러나 나는 거기까지만 생각했지 칼이나 낫을 예리하게 벼리어주는 동안 숫돌도 조금씩 닳아 없어지고 있다는 생각을 하지는 못했다. 쇠를 그냥 반짝반짝 빛나게 해주는 요술을 부리는 게 아니라 제 몸도 닳아 없어지면서 칼날을 세워주는 것이었다. 무딘 연장을 날카롭게 바꾸어주는, 쇠보다 단단해 보이는 숫돌도 보이지 않게 제 몸이 깎여져 나가는 아픔을 견디어 내고 있었던 것이다.

조선 후기의 문인 이덕무는 쇠절굿공이로 젖은 쌀을 찧어도 오랜 시간이 지나면 절굿공이가 닳아 작아지더라고 말한 바 있다.

쇠절굿공이는 천하에 지극히 강한 것이고, 젖은 쌀은 천하에 지극히 부드러운 것이다. 지극히 강한 것으로 지극히 부드러운 것을 짓찧으니, 얼마 안 되어 고운 가루가 되는 것은 필연의 형세이다. 그러나 쇠절굿공이도 오래되면 닳고, 깎이어 작아지지 않는 것이 없다. 이것으로 통쾌하게 이기는 자도 반드시 남모르게 손실을 당하고 있는 게 있음을 알게 되었다.

《이목구심서》에 나오는 이야기다.

변함없이 굳세고 강한 것은 없는 것이다. 젖은 쌀을 찧으면서도 오랜 시간이 지나면 닳아 작아지며, 쇠를 갈아주면서도 보이지 않게 깎여 나가는 것이다. 사람도 크게 다르지 않다는 것이다.

망가진 액자

몇 해 전에 집안 인척 되는 형님으로부터 글씨 하나를 받았다. '도법자연(道法自然)'이란 글씨였다. 고마운 마음에 바로 표구해 내 서재에다 걸어놓았다. 그런데 지난여름 장마에 비가 새어 벽까지 물이 줄줄 흐르는 바람에 액자가 크게 손상되었다. 물에 젖은 곳은 말리는 동안 곰팡이가 꺼멓게 피기 시작하였다.

그런데 액자 때문에 이리저리 신경을 쓰다가 내가 몇 해 동안 도법자연(道法自然)의 뜻을 잘못 알고 있었다는 것을 알게 되었다. 나는 그저 도란 자연의 법이다, 그런 뜻으로만 생각했었다. 도라고 하는 것도 다른 게 아니고 자연의 법 그 자체가 도요 진리인 것이다, 라고 알고 있었는데 여기서 법(法)은 본받는다, 배운다는 뜻으로 풀이해야 맞는 것이다.

《노자》에 인법지, 지법천, 천법도, 도법자연(人法地, 地法天, 天法道, 道法自然)이란 말이 나오는데 '사람은 땅에서 배우고, 땅은 하늘에서 배우고, 하늘은 도에서 배우고, 도는 자연에서 배운다'는 뜻이다. 사람은 땅에서 무얼 배워야 할까. 정직함을 배워야 할 것 같다. 뿌린 대로 거두는 법을 배우고, 사람이 버린 것, 죽어서 땅에 묻은 것들을 받아 안아 품으면 푸른 생명으로 다시 살려내는 위대한 힘을 배워야 한다. 그러면서도 늘 낮은 자리에 말없이 처해 있는 겸손한 자세를 배워야 한다.

땅은 하늘에서 끝없이 주고 베푸는 자세를 배워야 하고, 어지럽게 흩어져 있는 것 같아도 질서 정연하게 움직이는 우주의 질서를 배워야 하고, 하늘이 단순히 공간적 장소가 아니라 인격적 존재라는 것을 배워야 할 것이다. 그것은 하늘이 도를 본받아서 그 안에 진리와 원리와 이치와 사람의 길을 알게 해주는 많은 것들을 품고 있기 때문일 터인데, 그 도는 자연을 본받는다는 것이다. 최고의 진리도 자연에서 배운다는 것이다.

자연이 진리를 일깨워주고 그 진리가 하늘과 땅에 스며 있는 것을 사람이 배워야 한다는 것이다. 그러니까 자연이 최고의 스승이요, 자연이 모든 가르침의 으뜸이다.

미하일 고르바초프도 "자연이 나의 신이다. 나에게 있어서 자연은 신성하다. 나무들은 나의 신전이고, 숲은 나의 대성당이다"라고 말한 적이 있다. 자연에게 배울 줄 아는 사람은 겸손하고, 정직하고, 온유하고, 베풀 줄 알고, 더불어 살 줄 알며, 머릿속은 지혜로 가득 차 있다.

 어제 아침도 액자의 곰팡이 슨 자국이 지워지지 않는 걸 보고 걱정을 하다 그 안에 들어 있는 글의 뜻도 제대로 모르면서 액자만 아까워하지 말고, 표구한 글씨가 망가지는 덕택에 글의 뜻을 제대로 알게 된 것을 더 고마워해야 한다고 누군가 말하는 것 같았다.

개나리 꽃밭 속에
하느님이 계신다

'하늘에 계신 우리 아버지…….'

하느님을 믿는 사람은 이렇게 기도한다. 하늘이란 지상이 아니라 천상이다. 아래가 아니라 위고, 유한이 아니라 무한 생명이며, 불완전이 아니라 완전함이다. 그러나 다시 보면 하늘은 허공 그 자체이다. 다석 유영모 선생은 "아무것도 없는 허공이라야 참이다. 이 허공이 하느님이다"라고 이야기한다. 그 허공을 '절대공(絶對空)'이라고도 하는데, 아무것도 없이 텅 비우는 마음, 무소유의 마음, 탐진치(貪瞋癡)의 수성이 없어져 빈 마음자리로 가득 차 들어오는 성령, 거기에 하느님이 계신다는 것이다. 아니 무형무상(無形無常)하여 본래 없이 계신다는 것이다.

석가도 신기루 같은 현상 세계, 있음의 색계는 거짓이고 무의 세계가 오히려 참이라고 했다. 색계, 물질계는 있다고 할 수 없다는 뜻에서 공색일여(空色一如)라는 것이다. 장자가 이야기하는 태극에는 물질과 허공이 함께 들어 있고 노자의 무극 역시 허공이다. 그런가 하면 에머슨은 우주가 곧 하느님이라고 생각했고, 스피노자도 하느님은 곧 자연이라고 보았다.
　마하트마 간디는 이렇게 말했다.

밤하늘 별들 사이에 빛나는 초승달이나 해질 무렵 붉게 물든 저녁노을 같은 아름다운 자연 풍경은 그 현상 뒤에 하느님이 계신 것을 생각나게 하는 진리적인 면이 있다. 이것들이 아름다울 수 있는 것은 하느님이 창조했기 때문이다. 내가 일몰과 월출의 광경에서 불가사의한 아름다움을 감상할 때 나의 영혼은 하느님을 우러르게 된다.

　다석 유영모 선생의 《명상록》을 읽으면서 나도 올봄은 부쩍 여기저기서 하느님의 존재를 느끼곤 한다. 천지가 음울한 겨울 빛을 벗지 못하고 있을 때 옹통 샛노란 개나리꽃을 가득 피워 놓고 계시는 날 아침, 개나리 꽃밭 속에 하느님이 계신다는 생각이 든다. 이 삭막한 대지, 회색의 언덕과 길가를 한순간에 아름다운 풍경으로 바꾸어 놓는 생명의 놀라운 환희, 그런 게 하느님의 모습이 아니겠는가. 징

그러운 벌레의 모습을 지니고 살게 하다 고통스러운 과정을 거쳐 아름다운 한 마리 흰나비로 바꾸어 하늘로 날려 보내는 새로운 탄생, 그 속에 하느님이 계시는 게 아닌가. 나비 한 마리의 사랑스러운 날갯짓과 나비의 비행을 품어 안고 있는 나비 뒤의 허공, 그게 하느님의 모습이라는 생각을 한다.

 음악 소리를 알아듣는 뱃속의 어린 생명, 그 생명의 탄생과 함께 마련해놓은 고난, 그리고 그 고난의 끝에 자신과 제 백성을 다 살려내는 준비된 역사, 그게 하느님이 살아 계시는 증거가 아닐까.

 봄 들판의 여린 꽃다지 한 송이에서든, 제 빛깔처럼 은은한 선물을 받은 살구꽃 향기 속에서든 생명으로 다시 살아나는 모습, 제 안에서 거듭나며 생명을 이어가는 모습, 부활하는 자연의 몸짓 속에서 이 아침도 하느님의 모습을 본다. 무형무상하여 어디에도 없으나 어느 곳에나 계시는 하느님을.

깊은 깨달음을 주는 글은 쉬운 말로 되어 있다

내게 깊은 깨달음을 준 글들은 어렵지 않고 복잡하지 않았다. 쉬운 몇 마디 말로 사람과 사랑을 대하는 태도를 일러주었고, 간단한 비유만으로 인생의 길을 가르쳐주었다.

'너희가 자기를 사랑하는 사람들만 사랑한다면 무슨 상을 받겠느냐? 세리들도 그만큼은 하지 않느냐.' '자기 십자가를 지고 나를 따르지 않는 사람은 내 사람이 될 자격이 없다.' 이런 마태복음의 말씀은 쉽고 분명하게 우리를 가르치는 말씀이었다.

세상살이에 곤란 없기를 바라지 말라. 세상살이에 곤란이 없으면 업신여기는 마음과 사치한 마음이 생기기 쉽나니, 성인이 말씀하시되

근심과 곤란으로써 세상을 살아가라 하셨느니라.

〈보왕삼매론〉에 나오는 이런 말들은 평이하지만, 그 안에 얼마나 큰 뜻이 들어 있는가. 나는 이 글을 책상 위에 두고 물 마시는 것보다 더 자주 바라본다.

나를 울린 노래들은 숭고하거나 귀족적인 노래가 아니었다. 내가 사랑을 잃고 괴로워할 때 '천사의 말을 하는 사람도 사랑이 없으면 소용이 없고 / 심오한 진리를 깨달은 자도 울리는 징과 같네.'

이런 〈사랑의 송가〉는 미사 시간 내내 소리 없이 나를 울게 했다. 지나간 80년대 그 어둡고 잔혹하던 시절 죄 없이 끌려가고 옥에 갇히거나 매를 맞거나 죽어갈 때 '불의가 세상을 덮쳐도' 같은 사실적이고 평이한 성가 한 구절이 내게 얼마나 큰 용기를 주었는지 모른다. 우리의 마음을 깃발처럼 나부끼게 하던 노래, 이 그늘진 땅에 햇볕 한 줌 되게 하던 노래, '세월은 흘러가도 산천은 안다'고 우리를 다독이던 노래도 다 알기 쉬운 말로 만들어져 있었다.

지적인 오만함과 우월감 그리고 자만심에 찬 삼십 대 초반의 내 마음을 바로잡아 준 사람들은 학자나 교수나 지식인들이 아니었다. 내 이웃의 할머니 아주머니들이었다. 병들어 아파하는 이웃의 고통을 외면하지 못하고 달려와 맨바닥에 무릎을 꿇고 간절히 기도하는 뒷모습을 바라보다가 내 이웃을 위해 나는 저렇게 기도하는 마음으로 시를 썼던가 반성하며 무릎을 꿇었다. 그리고 이 세상엔 비굴하지 않으면서도 겸손하고 나약하지 않으면서도 온유한 삶의 자세가 있음을 배웠다.

'깨달음이란 무엇인가? 모르는 것을 알게 되는 것이 아니다. 이미 알고 있는 것을 아는 것, 그것이 참된 깨달음이다.'

이현주 목사님은 이렇게 말했다. 이미 불경에 나와 있는 것 이상의 것을 더 알겠다고 욕심 부리지 말고, 예수님의 가르침 그 이상의 말을 할 수 있는 사람이 되겠다고 애쓰지 말고, 알고 있는 것을 바르게 행하는 것이 더 중요하다는 것이다. 쉽고 간단하게 말씀해주신 가르침을 우리가 다만 어렵게 어렵게 깨우치며 힘겹게 가고 있는 것이다.

기도를 배우던 시절

적하리의 봄은 포도 껍질을 태우는 연기와 함께 왔다.

학교가 논밭 한가운데 덩그러니 있었기 때문에 교문을 벗어나면 바로 포도밭이 있었다. 부지런한 농부들이 겨울을 지내느라 갈라지고 터진 포도나무 껍질을 벗겨내면서 드러난 속 가지의 빛깔은 참 맑았다. '나는 포도나무요 너희는 가지라' 하셨지만 생각해보면 나는 가지도 못 되고 그저 벗겨져 불에 태워지는 포도나무 껍질에 지나지 않았다. 내 안과 밖에는 그렇게 벗겨져 태워버려야 할 허물들이 많았다.

나는 그때 또 그곳으로 쫓겨와 있었다. 외롭고 지치고 힘들었다. 내 인생에서 가장 힘든 시절이었다. 그러나 쓰러지지 않으려고 자신을 가파르게 다스려 갔고, 절망 때문에 무너지지 않으려고 안간힘을 썼다. 가난하고 초라했으며 고통스러운 일들이 끊임없이 이어졌지만 그때만큼 마음이 맑고 순수하던 시절이 없었다. 왜냐하면 나는 그때 기도를 배우고 있었기 때문이다.

나를 성당으로 불러간 이들은 낯모르는 할머니 아주머니들이었다. 대학 시절부터 빠져 있던 실존주의 철학으로 인해 오만했던 나의 태도가 무너진 것도 그분들 때문이었다. 사회과학 서적 몇 권을 읽고 시대와 민족에 대해 고민합네 하고 목에 힘이 들어가 있는 것을 고쳐준 분들이었다. 이웃을 위한 문학, 민중의 고통과 함께하는 시를 써야 한다고 외치면서도 정작 나는 내 이웃의 어려움을 위해 간절히 기도하는 자세로 시를 썼던가 하는 의문이 들게 한 분들이었다.

낯모르는 이웃의 병상에 찾아와 시멘트 바닥에 무릎을 꿇고 기도하는 할머니들의 모습을 보면서 내 철학과 내 과학과 내 문학은 와르르 무너져 내렸다. 일면식도 없는 이웃 아낙을 찾아와 병의 고통에서 벗어나도록 해달라고 손을 잡고 간절히 기도하는 모습을 보면서 나는 저렇게 고통받는 내 이웃의 손을 잡고 진심으로 아파하는 모습으로 문학을 해왔던가 하는 반성을 했다.

누구에게고 어디서고 무릎을 꿇을 수 없다 생각해왔던 것은 얼마나 오만한 자세였던가 하는 생각이 들었다. 부족하고 불완전하고 부조리한 내 자신을 인정하고 유한하고 나약하고 어리석은 것이 나 같은 인간이라고 인정하게 되면서 나는 자연스럽게 무릎을 꿇게 되었다. 그리고 많이 울었고 많이 뉘우쳤다. 뉘우치고 눈물 흘린 만큼 마음이 맑아졌고, 깨끗한 시와 만날 수 있었다. 두 번째 시집에 실린 시들을 쓰던 무렵이었다.

이 세상에는 비굴하지 않으면서도 겸손하고, 나약하지 않으면서도 온유한 삶의 태도가 있는 것이구나 하는 것을 알고 나도 그렇게 살아야겠구나 하는 생각을 하게 되었다. 나도 많이 아파했지만 아픔을 통해서 그분을 만날 수 있었던 시절이었다. 그분은 이 땅의 외진 구석에 한 포기 풀처럼 버려져 있는 나를 모진 바람으로 흔들어 내 모든 것을 거두어 가신 뒤에 깊고 긴 어둠으로 오랜 시간 그렇게 덮어두었다가 풀리는 햇살로, 아침 하늘의 모습으로 천천히 오시곤 했다.

다른 사람과 함께 먹는 밥 한 그릇 앞에서도 이 밥이 부끄러운 밥인지 기쁘고 고맙게 먹는 밥인지 아닌지를 생각하게 했다. 지금은 폐교가 되어 없어져버린 그 시골학교에 쫓겨가 있던 시절, 그렇지만 기도를 처음 배우던 시절, 통회의 눈물 한 줄로 시 한 줄을 만나던 시절, 그런 시절을 남은 생애 동안 다시 만날 수 있을지 모르겠다.

소리를 알아듣는 사람이 친구다

춘추전국시대에 백아라는 거문고의 명인이 있었다. 백아가 거문고를 들고 높은 산에 오르고 싶은 마음으로 이것을 타면 옆에 있던 친구 종자기가 "참으로 근사하다. 하늘을 찌를 듯한 산이 눈앞에 나타나 있구나!" 하고 말하였다. 또 백아가 흐르는 강물을 생각하며 거문고를 타면 종자기는 "기가 막히다. 유유히 흐르는 강물이 눈앞을 지나가는 것 같구나!" 하고 감탄하였다. 그런 종자기가 죽자 백아는 거문고를 부수고 줄을 끊은 다음 다시는 거문고를 타지 않았다고 한다. 이 세상에 다시는 자기 거문고 소리를 들려줄 사람이 없다고 생각하였던 것이다.

《열자》의 〈탕문편〉에 나오는 이야기다. 이렇게 자기의 소리를 알아듣는 사람을 '지기지우(知己之友)'라고 한다. 종자기는 얼마나 오랫동안 백아의 거문고 소리를 옆에서 들었겠는가. 얼마나 많은 시간을 함께하고, 얼마나 많이 백아의 거문고 소리를 들었으면 연주하는 소리만 듣고도 지금 친구가 무슨 생각을 하며 악기를 타고 있는지 상상할 수 있었겠는가.

거문고 소리를 듣거나, 거문고를 타는 친구의 표정을 보기만 해도 친구의 마음을 헤아릴 줄 알게 되기까지 둘은 얼마나 깊은 교감을 나누었겠는가. 백아가 명인이 되기까지 늘 옆에서 격려하고 칭찬하고 힘을 북돋워 주었을 것이다. 게으르면 꾸짖고 나태해지면 질책하고 오만해지면 서슴없이 비판하였을 것이다. 그러지 않고 어떻게 지기지우가 될 수 있겠는가. 훌륭한 예술가가 되도록 도와주고 바른 예술가의 삶을 살도록 경계하였을 것이다.

지금 내가 울리는 악기의 소리를 가장 잘 알아듣는 사람은 누구일까. 아니, 내 목소리를 가장 잘 알아듣는 사람은 누구일까. 내가 연주하는 피아노 소리를 들으며 고요한 물 위에 차고 맑은 물이 떨어지는 소리를 떠올리는 사람은 누구일까. 내가 켜는 바이올린 소리를 들으며 사랑하는 사람을 떠나보내고 흐느끼며 울고 있다는 것을 알아듣는 사람은 누구일까.

아니, 내 목소리를 듣기만 하고도 내 가슴속에 비가 내리고 있는

지 먹구름이 몰려오고 있는지 금방 알아채는 사람은 누구인가. 내 노랫소리를 듣고는 내가 아파하고 있는지 흥겨워하고 있는지 금방 아는 사람은 누구인가.

그 사람이 나를 가장 사랑하고 있는 사람이다. 내 마음의 음색과 빛깔과 상태를 가장 잘 아는 사람, 그 사람이 나를 가장 아끼고 소중히 여기는 사람이다. 그 사람이 어디 있는지 찾아보라. 내가 만나는 사람 중에, 내 가족 중에, 내 주위에 있는 사람 중에, 지금까지 내가 알고 있던 사람 중에 그 사람이 누구인지 생각해보라. 그가 진정한 나의 벗이요, 반려자요, 애인이요, 사랑하는 사람이다.

나는 특별히 잘하는 게 없다

나는 특별히 잘하는 게 없다. 어릴 때 비가 오면 족대나 활치를 가지고 개울에 가서 고기 잡는 건 좋아했어도 낚시는 배우지 못했다. 초등학교 4학년 때인가 바둑을 시작해서 몇 년 두었는데 외사촌 큰형이 바둑을 두면서 하도 놀리는 바람에 화가 나서 울고불고한 뒤로 그만두었다. 장기도 어떻게 하다 보니 안 두게 되었다. 형들과 어울려 민화투도 하고 육백도 치고 그랬는데 도박이나 노름은 할 줄 모른다. 고등학교 때는 농구를 좋아했지만 다른 운동은 잘하는 게 별로 없다. 대학에 들어와서도 당구장 가는 일보다 그저 책 읽고 술 마시고 문학토론 하는 걸로 시간을 보냈다. 기타도 조금 치다 말고, 볼링 같은 건 근처도 못 가보고, 골프니 승마니 하는 건 더더욱 관심

밖이었다. 때론 악기 다루는 것도 몇 가지 배워 두고 붓글씨나 수묵화 같은 걸 배우고 싶은 생각도 있었는데 시간을 내지 못했다.

그래서 친구들과 어울려 다녀도 늘 겉돌 수밖에 없다. 할 줄 아는 것도 많지 않고 좋아하는 것도 별로 없어 심심하기 그지없는 사람이 되고 말았다. 친구 쪽에서 보면 참 재미없는 사람이다. 자유로운 시간이 많이 주어지는 대학 시절 나는 다른 것을 배우는 데 투자할 돈이 없었고, 대학을 졸업하고 나서 직장 생활을 하면서는 시간이 아까웠다. 읽어야 할 책들이 늘 쌓여 있고, 그 책을 읽고 생각하고 글 쓰고 하는 것만으로도 시간이 모자랐다.

꼭 읽으려고 했는데 읽지 못해서 10년 동안이나 머릿속을 맴도는 책도 있고, 20년 넘게 올 겨울방학에는 꼭 읽어야지 하고 생각하면서 해를 또 넘기는 장편도 있다. 몇 달 시간을 내서 이건 꼭 써야지 하면서도 몇 년을 끌어오는 게 있다. 그러니 어떻게 다른 것에 투자할 시간이 있겠는가.

정말 여유를 찾고 그림도 다시 배우고 그래야지 하면서도 그게 잘 안 된다. 책 읽고 글 쓰고 혼자 생각하고 혼자 음악 듣고 혼자 산책하고, 그러는 걸 좋아하다 보니 가까운 이들과 모여 바둑을 두거나 동료들과 볼링을 치러 가거나 할 때면 좀 창피하다. 하다못해 상가에서 벌어지는 고스톱 판에 끼어본 적이 없으니 어떻게 보면 사내답지 못한 인물로도 볼 수 있다.

그런데 이덕무의 글을 읽다 보니 조선조에는 나보다 훨씬 더 무미건조하고 재미없는 사람이 있었구나 하는 안도감이 든다.

백 가지 가운데 한 가지도 능한 것이 없는 중에 더더욱 능하지 못한 것이 네 가지가 있다. 바둑과 장기를 두지 못하고, 소설을 볼 줄 모르며, 여색에 대해 말할 줄 모르고, 담배를 피울 줄 모른다. 그러나 이 네 가지 것은 비록 죽을 때까지 못하더라도 해될 것이 없다. 나로 하여금 자제들을 가르치게 한다면 마땅히 먼저 이 네 가지 하지 못하는 것으로 그들을 인도하겠다.

이렇게 말하는 그에게서 할 줄 모르는 게 많으면서도 오히려 큰소리치는 방법을 배운다.

큰스님
작은 스님

 어떤 분을 큰스님이라고 할까?

 그야 물론 큰 깨달음을 얻고 우리에게 삶의 큰 가르침을 주시는 분을 큰스님이라 할 것이다. 그런데 이현주 목사님이 쓴 《이 아무개 목사의 금강경 읽기》를 읽다 보니 재미있는 표현이 나온다. '악을 버리고 선을 취하는 사람을 작은 스님이라 하고, 악과 선을 함께 버린 스님을 큰스님이라 한다'는 것이다.

 악을 버리고 선을 취하는 삶을 사는 것도 쉬운 일은 아니다. 우리 같은 보통 사람들은 악한 일도 하고 선한 일도 하면서 산다. 내가 알게 모르게 짓는 죄도 많고, 본의 아니게 악한 일을 할 때도 있다. 잘못한 일이 드러나서 벌을 받는 경우도 많지만, 잘못한 일이 드러나지 않고 넘어가는 경우도 많다. 착한 일을 했을 때는 그걸 남이 왜 몰라줄까 하고 서운해하면서 잘못한 일을 남이 알지 못했을 때는 다행이라고 여긴다.

하루에도 몇 번씩 잘못을 저지르며 산다. 다른 사람의 눈에 띄지 않아 그냥 넘어간 일이 한두 가지가 아니다. 양심에 조금 걸리기는 했지만 나 혼자만 알고 넘어간 일도 많다. 다음에는 그러지 말아야지 하고 마음을 먹지만 또다시 실수를 하는 경우도 있다. 끊임없이 결심하고 실천하지 않으면 선을 취하고 악을 버리는 삶을 살기가 쉽지 않다.

그런데 선도 버리고 악도 버리는 경지에 이르려면 어떻게 해야 할까. 그것 역시 선을 받들고 악을 버리는 수행의 오랜 세월을 통과한 자에게만 선과 악이 함께 사라지는 것이라고 한다.

사랑하는 사람도 가지지 말라. 미워하는 사람도 가지지 말라.

《법구경》에서는 그렇게 가르치지만 이도 마찬가지다. 사랑하는 마음을 키우고 미워하는 마음을 버리는 수행의 오랜 세월을 보내야만 사랑과 미움을 함께 버리는 경지를 만나게 되는 것이다.

악도 버리고 미움도 버리고 집착도 버리라고 하지만 버리는 일이란 것도 쉬운 게 아니다. 버렸는가 싶으면 다시 쌓여 있고 끊었는가

했는데 다시 붙어 있는 때가 수없이 많다.

'크게 버림은 횃불이 앞에 있어서 미혹과 깨달음이 다시 없는 것과 같고, 중간 버림은 횃불이 옆에 있어서 밝았다 어두웠다 하는 것과 같고, 작게 버림은 횃불이 뒤에 있어서 함정을 보지 못하는 것과 같다'고 한다.

우리는 오늘도 밝았다 어두웠다 했을 것이다. 우리는 오늘도 함정에 빠졌다, 빠져 나왔다 했을 것이다. 바람 부는 내일은 어떨까. 구름이 끼었다 비가 내렸다 하는 모레는 어떨까. 환해지기란 쉽지 않은데 내 발걸음은 어디로 가고 있을까.

구원은
매일 오는 게
아니다

하는 일마다 잘 안 되고 힘이 들 때면 '내 인생은 왜 이리 잘 안 풀릴까, 난 왜 이렇게 되는 일이 없을까' 생각을 하며 자신의 운명을 탓하게 된다. 같은 직장 동료이던 ㅂ선생님은 자주 그런 말을 하곤 했다. 무슨 제도들이 꼭 자기 앞에서 바뀌어왔다는 것이다. 자기 차례만 되면 입시 제도가 바뀌고, 군 복무 기간이 늘어나고, 규정이 달라져 지금까지 쌓아놓은 것이 소용없어지고, 승진 제도가 바뀌어 불이익을 받고 그랬다는 것이다. 머피의 법칙이 자기를 두고 만들어진 것 같다고 했다.

그러나 그분은 좋은 고등학교를 나왔고, 젊은 날을 즐겁게 보냈으며, 뜻하지 않은 상도 여러 번 받았다. 자기 친구들만큼 승진하지 못한 불만은 있지만 내가 보기엔 가지고 있는 달란트만큼은 보상을 받은 것 같다.

나도 인생이 잘 안 풀린 사람 중의 하나라는 생각을 할 때가 있다. 탄탄대로를 앞에 두고 있다가 갑자기 벼랑 끝으로 몰린 적이 여러 번 있었다는 생각을 한다. 그때 그 길로 계속 갔더라면 지금보다는 나았을 거라는 생각이 드는 날이 있다. 그러나 이런 내 얘기를 들으면 복에 겨운 소리 그만하라고 하는 사람들이 많을 것이다. 그렇다. 그 말이 맞다. 추락하는 날도 많았지만 은혜받은 날은 또 얼마나 많았던가. 놓친 것만 생각하지 손안에 들고 있는 건 생각하지 못하는 것이 인간이다.

우리네 삶에서 구원의 날은 매일 오는 게 아니다. 결정적인 순간에 내 전체를 건져 올려주기 때문에 구원인 것이다. 은인은 날마다 만나는 게 아니다. 일생 동안 한두 명 정도 만나는 것이다. 나를 도와줄 사람이 없다고 한탄하지 말고 내가 만난 사람 중에 은인임을 미처 깨닫지 못하고 놓쳐버린 사람은 없는지 돌아보아야 한다.

파스칼은 《팡세》에서 이렇게 말했다.

당신은 신께서 숨어 계신다는 점에 대해 불평하지 말고 그 분이 그토록 여러 번 자신의 모습을 나타내셨다는 점에 대해서 감사하십시오. 그리고 그렇게도 거룩하신 신을 알기에 합당하지 못한, 오만하고 스스로 지혜로운 자들에게는 그분이 자신의 모습을 드러내지 않으셨다는 점에 대해서 더욱 감사하십시오.

희망의 얼굴도 그럴 것이다. 평상시에는 구름에 가리어 잘 보이질 않을 수도 있다. 오만하고 똑똑한 사람들에게는 구태여 모습을 나타낼 필요가 없을 것이다. 그러나 우리 앞에 그동안 여러 번 모습을 드러냈다는 것을 우리는 잊으면 안 된다. 그 희망을 우리가 소중히 가꾸지 않아서 놓쳐버린 적도 있고, 우리가 사는 모습을 보고 실망해서 소리 없이 몸을 감추어버린 적도 있을 것이다. 우리가 힘차게 일어서는 모습을 보고 자신을 필요로 하는 절망적인 사람을 찾아 떠났을 수도 있다. 희망에 대한 믿음을 버리지 않아야 한다. 우리가 실의와 좌절의 늪에 빠져 허우적거릴 때면 희망은 언제고 튼튼한 밧줄이 되어 다시 모습을 드러낼 것이기 때문이다.

무엇이
가장 괴로운
일일까

어느 날 밤, 네 마리 짐승이 무엇이 가장 괴로운 일인지 저희끼리 서로 물었다. 그때 까마귀가 먼저 말했다.

"배고프고 목마른 것이 가장 괴롭지. 배가 고프고 목이 말라 봐. 그물에 몸을 던지기도 하고 작살이나 칼날도 돌아보지 않게 돼. 우리가 죽는 것도 모두 그 때문이야."

그러자 비둘기가 말했다.

"나는 이성에 대한 욕망이 가장 괴로워. 음욕이 불길처럼 일어날 때는 아무것도 돌아보지 않게 돼. 그때만은 죽어도 좋다지 뭐."

이번에는 뱀이 말했다.

"성내는 것이 가장 괴로워. 독한 마음이 울걱 일어나면 친하고 멀고를 가리지 않게 돼. 그래서 남을 죽이기도 하고 스스로 죽기도 하지."
 끝으로 사슴이 말했다.
 "나는 불안과 공포가 가장 괴롭더라. 숲 속을 거닐면서도 혹시 사냥꾼이나 늑대가 나타나지 않을까 무서워. 그래서 부스럭거리는 소리만 나면 놀라서 달아나는 거야. 그러다가 구렁에 빠지기도 하고 낭떠러지에서 떨어지기도 하지. 어미와 새끼가 서로 헤어져 애를 태우며 슬퍼하게 돼. 그러니 내게는 불안과 공포가 가장 괴로워."
 그들은 이렇게 저마다 자기 사정을 이야기했다.
 그때 '정진력'이라는 수행자가 짐승들에게 이렇게 말했다.
 "너희들은 아직 괴로움의 뿌리를 모르고 있다. 이 몸은 괴로움을 담고 있는 그릇이므로 모든 근심과 고통은 여기에서 나온다."

 짐승들이 말하는 괴로움도 몸이 있기 때문에 생기는 것이라는 이야기다. 그러면 어찌해야 하는가. 괴로움의 근원이며 재난의 뿌리인 육신을 끊어버리면 되는 건가. 코끼리 다루는 사람이 코끼리를 다루듯 우리도 우리의 몸을 다루어야 한다고도 한다. 그러나 우리가 우리 몸을 다스리는 방법은 단순하게 모든 것을 끊어버리는 것은 아닐 것이다. 괴로움의 실체를 바로 보고 괴로움을 이기기 위해 늘 최선의 노력을 다하는 길밖에 없다. 몸을 다스린다는 것도 결국 마음을 다스리는 데서 출발해야 한다.

굶주림에서 벗어나고자 하되 먹고 마시는 일의 노예가 되지 말며, 사랑하되 음욕에 빠지지 말고, 화를 내되 의로움을 잃지 말고, 조심하되 의연한 자세를 유지하며 살 수 있어야 한다. 부처님도 몸을 굴복시키기 위해서 인자함과 꿋꿋함이 필요하다고 하셨다.

자족의 나무

　초저녁에 머리가 아프고 마음이 심란한 채 잠이 들었다가 새벽인 줄 알고 깨어보니 한밤중이다. 하늘 높이 하현달 하나 크게 떠 있고 풀벌레 울음소리가 깊디깊다. 달이 저리 높고 풀벌레 울음이 이리 깊은데 나는 너무 많은 것을 구하느라 높지도 깊지도 못한 채 구름에 가려졌구나 하는 생각이 들었다.

　태풍이 지나간 뒤라 사람들의 마음도 어수선하다. 우리는 씨 뿌리고 가꾼 것들이 다 내 것이기를 바라지만 하늘이 주는 만큼밖에 얻지 못하는 것 같다. 참으로 속상하고 안타까운 일이지만, 태풍이 지나가고 난 다음날 아침, 그래도 모진 바람을 견디고 나뭇가지에 매달려 있는 푸른 과일들을 매만지며 과일 하나가 이렇게 해서 우리에게 오는구나 생각하니 눈물겨웠다. 아직 다 떨어지지 않고 남아 있는 빗방울 몇 개가 과일들의 눈물처럼 느껴졌다. 우리에게 오는 이 세상 모든 과일의 살 속에는 태풍과 가뭄과 뜨거움과 목마름과 시련을 이긴 생명의 힘이 들어 있는 것이다. 그게 과육의 단맛이 된 것이다. 그렇게 생각하니 남아 있는 과일 몇 개도 참 소중하다는 생각이 들었다. 낙과 피해가 많지 않은 집과 비교하면 속상해서 잠이 오지 않을 것이다. 그러나 올해는 이것으로 만족하고 감사할 줄 안다면 마음은 다시 평온해질 수 있을 것이다.

살아가는 일도 그런 것 같다. 다른 사람들이 가지고 있는 것을 나도 갖고 싶은 마음이 사라지지 않으면 내 삶은 만족스럽지 않다. 다른 사람이 가진 것을 탐내는 마음이 솟아오르고 있으면 그 마음은 언제든지 분노가 되고 싸움이 된다. 남과 다투는 일이 예사가 되고 남을 해치는 일도 당연한 것처럼 생각하게 된다. 그런 마음을 지우지 않으면 늘 부족하고 불행하다고 생각하며 살게 된다. 욕망이란 본래 그 안을 다 채울 수 없는 그릇인 것이다. 채워도 채워지지 않는 그릇을 채우기 위해 몸부림치다가 상처받고 지쳐 쓰러지면 그때는 자신을 돌아보아야 한다.

내가 가지고 있는 게 없는 게 아니다. 내가 가지고 있는 것이 쓸모없는 게 아니다. 나도 좋은 것을 가지고 있다. 다만 내가 만족하지 않고 있었을 뿐이다. 나도 그동안 많은 것을 얻었고, 내가 애쓴 것에 대한 보답을 많이 받았다. 내가 고마운 마음을 곧 잊어버렸을 뿐이다. 내게서 만족을 구하지 않고 다른 사람을 통해 만족을 얻으려고 했던 것이다. 내가 가지고 있는 것에서 기쁨을 느낄 줄 알게 되면 남이 가지고 있는 것을 탐하는 일을 멈추게 된다. 그러면 분노도 미움도 잦아들게 되고, 더 이상 내 몸을 상하지 않게 된다. 분노는 탐심에서 생겼기 때문이다. 일본 진종의 큰스님인 키요자와 만시는 이렇게 말했다.

내면의 자족에 이르는 것이 신심의 절정이다. 그 자리에 설 때 생선을 즐겨 먹지만 생선이 없다고 해서 불평하지 않는다. 재물을 즐기되 그 모든 재물이 없어졌다고 해도 눈 하나 꿈쩍하지 않는다. 높은 벼슬자리에 앉기도 하지만, 그 자리에서 물러날 때 아까워하지 않는다. 지식을 탐구하되 남보다 더 안다 해서 뽐내지 않고 남보다 덜 안다 해서 주눅 들지 않는다. 으리으리한 저택에서 살 수도 있다. 그러나 산속에서 밤하늘 별을 보며 잠자리에 드는 것을 경멸하지 않는다. 좋은 옷을 입지만 그 옷이 더러워지고 찢어져도 태연하다.

신심의 절정이란 바로 이렇게 내면의 자족(自足)에 이르는 상태라는 것이다. 이와 같은 품성을 지닌 사람은 어디에도 걸릴 것이 없는 자유인이 될 수 있다는 것이다.

비록 잎이 찢어지고 태풍에 시달려 많은 것을 잃었어도 모과나무는 사과나무를 보며 분심(憤心)을 일으키지 않는다. 크기가 더 컸던 탓으로 낙과가 많았어도 배는 호두나무가 되지 못한 것을 원망하지 않으며, 밤나무는 제가 밤나무인 것으로 만족하고 기뻐한다. 내가 가진 것에 만족할 줄 알기 때문에 나무들은 다른 나무와 다투지 않고 아름다운 모습으로 살아가는 것이다.

> 흔들리지 않고
> 피는 꽃이
> 어디 있으랴

오랜만에 창밖에 눈 쌓인 풍경을 바라본다.

어젯밤과 오늘 아침을 모두 하나로 덮어버린 듯한 벌판은 참으로 고요하다. 내가 고요함으로 돌아와 바라보는 날 비로소 고요한 얼굴을 보여주는 자연은 우리의 거울이다.

지난 일 년도 역시 바쁘게 보낸 한 해였다. 한 해가 가고 새해가 오는 때면 나는 올 한 해는 정말 자신과 만나는 시간이 더 많아지기를 빈다.

그 소원이 이루어지지 않는 원인이 다른 사람보다 나한테 더 많다는 걸 안다. 그러나 올해도 역시 첫째 소원은 자신으로 돌아와 고요해지는 시간이 더 많아지기를 바라는 것이다.

어떻게 보면 내가 쓴 시, 내가 쓴 글이란 내가 나와 만난 시간의 기록이다. 시 쓰는 사람도 남들과 똑같이 일하고 사람을 만나고 기뻐하거나 분노한다. 남들이 밥을 먹는 시간에 맞추어 똑같이 먹고 마시고 잡담을 하거나 전화를 받는다. 종이 울리면 출석부를 들고 똑같이 교실로 들어가고, 하루 일이 끝나고서도 여러 모임에 불려 다닌다.

그러다 문득 바람과 만나고 고요와 만나고 별빛과 만나고 가슴을 적시는 음악과 만나는 시간, 그것이 글로 정리되고 시가 된다. 그 글, 그 시를 쓰는 데 걸리는 시간만큼 자신과 만난 것이다. 물론 고요한 자신도 내 모습이고 번잡한 곳에서 다른 사람과 섞여 시간을 보내고 있는 것도 내 모습이다. 그 두 모습이 하나의 모습이 되기를 바라지만 그건 오랜 수양과 수련을 겪은 큰 인물들에게나 가능한 것이어서 거기까지는 감히 욕심을 낼 수 없다. 그저 고요한 자신과 만나는 시간이 소란스러운 곳에 처해 있는 시간보다 많아지기만을 바랄 뿐이다.

돌아보면 언제나 똑바로 걸어오지 못했다. 흔들리면서 걸어온 시간이 더 많았다. 그러나 흔들리다가는 자신의 본래 모습으로 돌아와 다시 길을 가고, 그래서 자신의 모습을 잃지 않고 살아가게 되기를 소망한다.

흔들리지 않고 피는 꽃이 어디 있으랴
이 세상 그 어떤 빛나는 꽃들도
다 흔들리면서 피었나니
흔들리면서 줄기를 곧게 세웠나니
흔들리지 않고 가는 사랑이 어디 있으랴

내가 〈흔들리며 피는 꽃〉이란 시에서 이렇게 이야기한 것처럼 나도 많은 날을 흔들리면서 살아간다. 조심스럽게 발을 디디며 가도 신발에는 진흙이 잔뜩 묻어 있는 날이 있고, 피하며 가려고 했어도 피할 수 없는 빗줄기에 몸이 젖어 있는 날이 많다. 진흙이 묻어 있는 것도 빗발에 젖어 있는 것도 다 제 모습의 일부임을 나는 부인하지 않는다. 그러나 젖은 채 거기서 멈추어버리지 않고 흙이 묻은 모습으로 계속하여 샛길로 가지 않고 자신으로 돌아오곤 한다.

그래서 부끄럽고 부족한 자신을 추스르고 다독이고 달래고 그러면서 또 하루를 산다. 그래서 올 한 해는 공허한 시간 속을 떠도는 시간보다 자신으로 돌아와 있는 시간이 더 많기를 빌고 또 비는 것이다.

내 본래의 모습으로 돌아와 내 자신의 한가운데 자리를 잡고 앉아 있어야 내 마음이 평화롭고, 내 마음이 평화로워야 내 표정이 온화하고, 내 표정이 온화해야 나를 대하는 사람들도 온유한 모습으로 내게 온다.

잠언에서는 '내 얼굴은 남의 얼굴에, 물에 비치듯 비치고 내 마음도 남의 마음에, 물에 비치듯 비친다'고 했다. 내가 마주하고 있는 상대방은 나를 비추는 거울이다. 내가 그를 따뜻한 손길로 잡아주면 그도 따뜻한 온기를 내게 보낸다. 내가 그를 싸늘하게 바라보면 그도 가슴에 비수를 품고 나를 바라보는 것이다.

그를 대하는 내 마음이 그늘져 있으면 나를 향한 그의 마음도 어두운 것은 당연하다. 가까이 있는 사람이 늘 나를 무시하는 듯한 얼굴로 스쳐 지나가는 게 내가 늘 무관심한 얼굴로 상대방을 대하였기 때문인지도 모른다. 곁에 있는 사람들이 내게 함부로 말하고 거칠게 행동하는 것이 내가 늘 찌푸린 얼굴로 그들을 대했기 때문인지도 모른다. 내 얼굴이 남의 얼굴에 물에 비치듯 비친다는 말이 그런 의미인 듯하다. 그래서 올 한 해는 고요한 내 자신으로 돌아오게 되기를 소망하는 것이다.

 올 한 해 물같이 맑게 흐를 수 있기를 소망한다. 높은 곳에서 시작하여 언제나 낮은 곳으로 흐르는 것이 물이기 때문에 나도 그렇게 살 수 있게 되기를 바란다. 낮은 곳을 택하여 흐르며, 흐린 것들까지 데리고 가 맑게 만들며 멀리까지 가는 게 물이기 때문에 그렇다. 넓은 곳에선 넓게 흐를 줄 알고 깊은 곳에선 깊게 흐를 줄 알면서도 어느 곳이든 마다하지 않고 가기 때문이다.

 둥그런 그릇 속에 담기면 둥그런 모습이 되어주고 네모난 그릇 속에 담기면 네모난 모습이 되어주지만 그릇을 나오면 늘 다시 본래의 제 모습으로 돌아오는 물처럼 살 수 있게 되기를 바란다. 그래서 상선약수(上善若水)라 하지 않는가. 가장 좋은 것은 물과 같다는 것이다.

 그러나 힘들고 어려운 일도 없고 곤란한 일도 생기지 않고 내게는 모두 행복하고 기쁜 일만 생기기를 바라는 것은 아니다. 나만 맑고 고요하고 아름답게 살고자 하는 것은 아니다. 곤란함과 어려움과 시련과 상처가 없는 삶이 어디 있겠는가. 그 고난을 딛고 다시 고요한 자신으로 돌아오기를 바란다는 것이다. 고통스러워 몸부림치고 흔들리고 하다가 다시 제 모습으로 돌아오게 되기를 바란다는 것이다.

숱한 장벽 숱한 굽이굽이에서 만난 어려움을 물처럼 품어 안고 소리 없이 흐를 수 있게 되기를 바란다는 것이다. 나뿐만이 아니라 여러분들도 우리 모두도 그렇게 되기를 바란다는 것이다.

범종 밑의 항아리

남해 보리암에 갔다. 안개비가 뿌리는데 법당 안팎을 가득 메우고 서서 반야심경을 독송하는 불자들의 목소리가 바위와 나무와 사람들의 가슴속을 꽉 채우고는 물결처럼 바다로 밀려 내려갔다. 고개를 돌리면 일점선도(一點仙島)를 품어 안은 바다가 그림처럼 눈에 들어오는 법당 옆에는 범종이 있었다. 종의 몸에는 '천변운외차종성(天邊雲外此鐘聲)…… 일념불생유미명(一念不生猶未明)', 이런 한시가 새겨져 있었다. 하늘가 구름 너머까지 울리는 범종 소리를 듣고도 한 생각이 일어나지 않는 것은 아직도 어둠 속에 있는 것과 같다는 뜻이겠구나 생각하면서 아래를 내려다보니 종 밑에 항아리가 묻혀 있다.

함께 간 정호승 시인과 같이 범종 밑의 항아리를 이리저리 살펴보았다. 삼라만상, 그중에서도 인간의 영혼을 위하여 아프게 울리는 종소리를 잘 받아온 산과 바다에까지 맑고 힘차게 전하는 역할을 하는 항아리의 이야기가 바로 정호승 시인의 동화 《항아리》에도 나오는지라 더욱 반가웠다. 내용은 이렇다.

 독 짓는 젊은이가 처음 만든 항아리는 썩 잘 만들어진 항아리가 아니었다. 그러나 아래위가 좁고 허리가 두둑한 항아리로 태어난 자기 자신을 항아리는 대견스럽고 기쁘게 생각했다. 항아리는 누군가를 위해, 그 무엇을 위해 쓰여지는 존재가 되고 싶었지만 뒷간 마당가에 방치되어 있었다.

 그러던 어느 가을 날, 젊은이가 삽을 가지고 와 항아리를 땅속에 묻었다. 항아리는 이제서야 남을 위해 쓰여질 수 있는 존재가 된다는 사실에 가슴이 두근거렸다. 그러나 항아리는 오줌독이 되었다. 밤낮을 가리지 않고 사람들은 오줌을 누고 갔고, 가슴께까지 오줌을 담고 살았다. 그렇게 오랜 시간이 흘렀다.

 그러던 어느 해 봄, 폐허가 된 가마터에 사람들이 절을 짓기 시작했다. 몇 해에 걸쳐 절을 짓고 종을 달았다. 그런데 종소리가 탁하고 공허하다고 주지스님은 고민을 하였다. 그러다가 주지스님에게 우연히 발견된 항아리는 종각 밑에 묻히게 되었다. 항아리를 종 밑에 묻고 종을 치자 참으로 맑고 고운 소리가 울려나왔다. 항아리는 자기가 종소리가 된 게 아닌가 하고 착각할 정도였다. 오랜 세월을 참고 기다려 영혼의 소리를 내는 항아리가 된 것이다.

못난 모습으로 태어나 오줌독으로 살아왔지만, 마침내 범종 소리를 담아내는 공명통이 될 수 있었던 항아리.

이 세상에는 그런 사람들이 너무나 많다. 권정생 선생은 《강아지똥》에서 "하느님은 이 세상에 쓸모없는 물건은 하나도 만들지 않으셨다"고 했다. 버려진 강아지똥이 빗물에 잘게 잘게 부서지면서 땅속으로 들어갔다가 결국 노란 민들레꽃을 피워낸 이야기, 민들레꽃의 몸이 된 이야기를 우리는 아름답게 기억하고 있다.

낮고 하찮고 보잘것없어 보이는 것들에 대한 애정을 가져야 하는 이유가 거기에 있다. 가난하고 못생기고 천해 보이는 이들도 신경림 시인이 말한 것처럼 '있을 건 다 있고, 알 건 다 알고, 볼 건 다 볼 줄 아는 사람들'인 것이다. 그래서 그가 외국인 노동자건 재중국 동포건 어린이건 그들을 소중하게 생각하고 인격적으로 만나고 평등하게 대해야 하는 것이다. 통일 논의가 활발해지면서 우리들 중 어떤 사람들은 북녘 형제들을 비천하고 못난 사람 대하듯 하지 않을까 걱정된다고 하시는 말씀을 들은 적이 있다. 그동안 우리가 재중국 동포들이 사는 중국 땅에 가서 한 행동을 보고 하는 말씀이셨다. 그럴 수 있을 거라는 불안한 생각이 들기도 한다.

그러나 잊지 말았으면 한다. 영혼의 기쁨으로 가득 찬 소리를 울려 보내는 범종 밑의 항아리도 오랜 옛날에는 오줌을 가득 담은 채 잔뜩 얼어붙은 가슴으로 한겨울을 나던 오줌독이었다. 오줌을 담아 왔기 때문에 맑은 소리도 담아낼 수 있었을 것이다.

우리의 운명은
어디에 어떻게
예비되어 있는가

 가까이 지내는 대학교수 한 분이 얼마 전 아들을 잃었다.
 자식 가진 사람이면 누구나 부러워하는 일류 대학을 다니는 수재이면서 착실하고 온순하기만 하던 젊은 아들이 어느 날 특별한 이유도 없이 갑자기 학교 동아리방에서 스스로 목숨을 끊은 것이다. 가방에서 나온 미안하다는 유서와 카프카의 소설 한 권을 들고 부모는 얼마나 가슴을 쳤을까. 건강도 돌보고 사회성도 기를 수 있는 등산반에 들어가라는 아버지의 권유로 등산반에 들었다가 등산 로프로 목을 매 목숨을 끊은 모습을 보고 그 아버지는 얼마나 땅을 쳤을까.
 사십구재를 지낼 때 마지막 영혼의 천도를 위해 입힐 수의를 손수 만들며 나지막한 목소리로 무슨 노래인가를 부르다 그 어머니가 흘린 눈물이 하얀 천 위에 방울방울 얼룩져 젖어 있더라는데 어머니의 가슴은 또 얼마나 찢어질 듯 아팠을까. 부모 자식 간의 인연을 맺어 이 세상에 살다가 그 인연을 스스로 끊고 갈 수밖에 없는 운명의 기나긴 업은 무엇이었을까. 이승에서도 함께할 수 없던 어떤 기구한 업연이 있어, 다음 생 또 다음 생을 거쳐 몇 번의 수레바퀴가 더 굴러야 풀어질 절박한 업연이 있어, 지금 이런 아픔으로 갈라서야 하는 것인가.

 몇 달 전 이들 부부가 광주 근교의 어느 절에 들렀을 때, 지나가던 스님 한 분이 "아들을 남 주어야겠네" 하더니 한 달 뒤 늘 다니던 청원의 안심사에 갔을 때는 잠시 거기 머물던 객승이 "다음 달에 큰아들이 죽게 생겼네" 하더란다. 처음엔 한 귀로 흘렸다가 두 번째는 걱정이 되어 재까지 올려 보았는데 결국 피할 수 없는 운명으로 다가오고 말았다는 것이다. 이번에 피했다 하더라도 삼십 대 중반에는 피할 수 없다고 하더라는 이야기를 들으며 운명이란 무엇인가를 생각한다.
 운명을 엿볼 수 있는 사람들이 우리 주위에 있다는 것은 고마운 일인가 무서운 일인가. 다른 사람의 운명을 대신 말할 수 있는 입을 가진 사람들은 누구인가. 그들을 우리 주위에 보내는 이는 누구인가. 과일을 익게 하고 또 떨어지게 하는 이와 같은 이일까. 비를 내려 꽃이 피게 했다가 다시 비를 내려 그 꽃을 거두어 가는 이와 같은 이일까. 아담이 금단의 과일을 따먹을 때도 내버려두고, 예수가 "아버지, 나의 아버지! 아버지께서는 무엇이든 다 할 수 있으시니 이 잔을 나에게서 거두어 주소서!" 할 때도 아무 말이 없으시던 그분일까. 낙원 추방을 통해서, 아들의 죽음을 통해서 더 큰 것을 알게 하던 그런 예비된 큰 뜻을 갖고 계시던 그분일까.

　흘러오고 흘러가는 세월 속에 이렇게 살아 있다는 것이 얼마나 보잘것없는 일인가. 생각할수록 두렵다. 우리의 운명은 어디에 어떻게 예비되어 있단 말인가. 어떤 슬픔, 어떤 이별, 어떤 아픔이 우리를 기다리고 있단 말인가.

하느님은
내가 원하는 것을
다 주셨다

　나는 요즘 몸과 마음이 허약해져 있다. 정신없이 바쁘게 시간에 쫓기며 사는 삶이 나를 지치게 만든 것 같다. 아니, 시간에 쫓기며 산 게 아니라 일에 끌려다닌 것이라고 보는 게 더 맞는 것 같다. 물론 그 일은 내가 나서서 만든 일이고 내가 좋아서 한 일이다. 그런데 일의 무게에 눌려 이제는 더 이상 일을 감당해낼 수 없는 상태에 이르고 만 것이다. 이대로 계속 황폐해져 가며 살든지 다시 호흡을 가다듬고 정신을 차린 뒤 나아가든지 선택을 해야 하는 상황에 놓이게 된 것이다. 하루 생활에도 고요하게 자신과 마주하는 시간이 필요하고, 일주일의 생활에도 안식일이 필요하듯, 한 사람의 생에도 안식년이 필요한 것이다.

기도를 하게 되고 다시 하느님과 만나게 되는 시간도 이런 시간이 아닌가 싶다. 제가 가장 잘났다고 믿고 정신없이 달려가다가 벽에 부딪쳐 나가떨어지는 때, 그때 부족한 제 모습을 되돌아보며 인간은 신을 생각한다. 무슨 일이든 완벽하게 해낼 수 있는 완전한 인간이 되겠다고 큰소리치며 몸을 던지다 실패하고 절망하고 실의에 잠겨 있을 때, 완전은 인간의 영역이 아님을 깨달으며 하느님 앞에 무릎을 꿇게 된다.

내가 하느님을 만나던 때도 그랬다. 나는 참 거창한 목표들을 가지고 열정적으로 뛰어다녔다. 민족과 역사, 민주주의, 민중을 위한 문학, 이런 슬로건 아래서 밤새 토론하고 읽고 쓰곤 하였다. 우리가 민족적인 목표를 향해 매진한다 하더라도 유한하고 부족한 인간임에는 변함이 없었다. 도리어 그러한 목표를 향해 가는 길을 선택했기 때문에 이 세상에서 가장 가까웠던 사람, 사랑하는 사람에게 더 큰 아픔과 상처를 남겨야 했었다. 내가 성당을 찾아가 십자가 앞에 무릎을 꿇게 된 것은 바로 그런 내 삶에 대한 뉘우침 때문이었다. 내가 부족하고 불완전하며 결점과 죄와 잘못이 많은 인간이라는 것을 받아들이며 용서를 구했다.

그 대신, 내가 거듭 태어날 것을 약속했다. 지금까지의 삶의 태도를 버리고 더욱 겸손해질 것이며 더 온유해지고 더 진실해질 것임을 약속했다. 바르게 살 수 있는 용기를 달라고 간구하였으며, 정의와 진리를 지킬 수 있도록 힘을 달라고 청했다. 내게 지혜와 착한 마음을 주시고 능력을 주시면 그것을 옳고 바르게 쓰겠노라고 했다. 내가 가진 어떤 능력도 하느님께서 주신 것임을 잊지 않으며, 하느님의 뜻에 맞게 쓰지 않아서 다시 거두어 가려 하시면 기꺼이 드리겠노라고 했다. 내가 가진 모든 것은 내 것이 아니며 하느님께서 잠시 맡기신 것일 뿐임을 잊지 않으려 했다.

하느님은 내가 원하는 것을 다 주셨다. 온유하고 겸손한 마음을 갖게 해달라고 하면 그런 마음을 주셨으며, 진실하고 곧은 삶의 태도를 갖게 해달라고 하면 그런 태도를 몸에 심어주셨다. 좋은 시를 쓸 수 있게 해달라고 하면 좋은 시로 보답을 해주셨고, 어려움을 헤쳐 나갈 수 있는 용기와 지혜를 달라고 하면 용기와 지혜를 주셨다. 정의로운 사람들과 함께 갈 수 있는 지도력과 판단력을 달라고 하면 그때마다 들어주셨고 힘과 능력을 주셨다. 부와 명예를 주셨고 사랑과 기쁨을 주셨다. 내 아들과 딸이 특별한 아이가 아니라 보통의 아이로 건강하게 자랄 수 있게 해달라고 기도한 대로 아이들을 키워주셨다.

그런데 언제부턴가 내가 변하기 시작하였다. 나는 처음의 기도를 접어두고 내 아들과 딸이 남들보다 더 뛰어난 아이가 되지 못하는 것을 불만족스럽게 여기기 시작하였다. 그런 아들 딸이 밉게만 여겨지고 아내에게 서운한 마음이 들기 시작하였다. 어려움을 헤쳐 나갈 수 있는 용기와 지혜를 주신 걸 고마워하면서도 더 많은 것을 가지고 싶어했다. 아름다운 시를 쓸 수 있는 능력을 주신 것을 고마워하다가도 더 많은 명예를 갖지 못해 조바심 내는 나를 볼 수 있었다.

그러다가 끝내 몸과 마음에 병이 들고 말았다. 요즘 나는 내 병이 어디서 왔는지를 알 것 같다. 첫 영세는 사랑하는 사람의 죽음을 겪으면서 내가 다시 태어나는 계기로 만난 것이라면, 이제 내가 죽어야 다시 살 수 있다는 뜻이리라. 탐욕과 집착과 부와 명예에 대한 욕심으로 가득 찬 자아를 죽이고 다시 참 나로 거듭나지 않고는 하느님을 만날 수 없다는 뜻이리라. 내 안에는 어느새 하느님이 들어와 계실 자리가 없어져 버리고 말았다. 그 자리를 다시 만들어야 하는 것이다. 그동안 내 안을 가득 메운 것, 내 안에 가득 차 있는 것들을 버리지 않으면 하느님이 머무르실 자리를 만들 수 없는 것이다.

노을빛 치마를 보낸 뜻은 무엇일까

　다산 정약용이 강진으로 유배를 간 지 십 년째 되는 해 초가을이었다. 다산은 병든 아내가 부쳐온 낡은 치마 다섯 폭을 받았다. 시집올 때 입었던 붉은색 활옷이었다. 붉은색은 이미 씻겨나갔고, 노란빛도 엷어진 치마였다. 다산의 아내는 무슨 생각으로 그 치마를 귀양지에 있는 남편에게 보냈을까. 그것도 시집올 때 입었던 치마를.

　이 치마를 입고 당신한테 시집올 때의 그 마음을 지금도 잊지 않고 있다는 뜻이었을까. 오랜 세월이 지나는 동안 우리 사랑도 이제 이 치마의 빛깔처럼 낡고 색이 바랬지만 치마를 버리지 않고 간직하고 있듯이 당신을 향한 내 사랑도 곱게 간직하고 있다는 뜻이었을까. 이 옷을 입고 시집오던 날처럼 다시 드리고픈 사랑의 정표로 받아달라는 의미였을까.

　십 년째 헤어져 있는 남편, 언제 끝날지 알 수 없는 귀양살이의 그 긴 날들을 고통스럽게 보내고 있는 것은 자신도 마찬가지일 텐데 유배지에 있는 남편에게 시집올 때 입었던 옷을 보내는 아내의 아름다운 마음에 담긴 깊은 생각을 우리는 다 헤아릴 수 없다. 다만 이런저런 짐작을 하며 아름다운 사랑의 선물에 가슴 뭉클할 뿐이다.

　그런데 정작 다산은 참 무미건조하기 이를 데 없다. 다산은 치마를 받아들고 이리저리 살펴보다가 색이 바라고 엷어져서 글씨 쓰기가 마침맞다고 생각하고는 가위로 치마를 자르기 시작한다. 무드라고는 눈을 씻고 찾아도 없는 사람이다.

　'가족도 돌보아줄 사람도 없는 귀양살이 얼마나 외롭고 힘이 드세요. 곁에 가 있을 수 없는 제 마음을 대신해 이 옷을 보냅니다. 제 마음과 육신의 흔적이라고 생각하고 간직해 주세요.' 이런 마음을 읽어내지는 못할망정 가위질이라니. 그 옷을 품어 안고 눈물을 흘리며 아내의 채취와 함께 잠자리에 드는 로맨틱한 모습은커녕 겨우 생각해 낸다는 것이 아들에게 경계의 말을 적어 보내는 수첩을 만들어야겠구나 하는 생각을 하다니 참 멋없는 사람이다.

　당대 사회에서 선비의 모습을 지켜나가는 일은 한편으론 비인간적인 면이 있다. 다산은 아내가 보내준 치마를 잘라 두 아들에게 당부하는 글을 적어 보내고는 '하피첩'이라 이름 붙인다. 노을빛 치마로 묶은 수첩, 또는 책이라고 할 수 있겠다.

아마 다산은 폐족이 되어버린 가문을 다시 일으켜 세우고 가족의 화목과 부부의 사랑을 찾을 수 있는 방법은 자식들을 바르게 키우는 길이라고 생각했을 것이다. 유배지에서 다산이 낭만주의자로 살지 않고 철저한 리얼리스트로 살았던 것도 다 그런 나름대로의 이유가 있었을 것이다.

삼 년 뒤에 다산은 남아 있던 치마폭을 좀 더 크게 잘라 그림을 그리고 시를 적어 시집 간 딸에게 보낸다. 꽃이 핀 매화 나뭇가지에 두 마리 꾀꼬리가 정답게 앉아 있는 그림을 그리고, 아래 여백에다 네 글자로 된 시경풍의 고체시를 적었다.

어찌 보면, 다산다운 사랑의 방식이다. 사랑의 과거보다 사랑의 결실, 사랑의 미래에 대해 더 생각을 하는 선비의 모습이다. 아내와의 사이에 낳은 자식들 중 여섯이 어려서 죽고, 그중 한 아들은 귀양살이하는 도중에 죽었으니 남아 있는 아들딸을 잘 키우는 일이 우리가 가져야 할 사랑의 책임이 아니겠는가 하는 생각을 했을지도 모른다.

다산이 아내를 위한 마음 표현을 안 한 건 아니다. 귀양살이 초기에 보낸 편지에는 아들들에게 어머니를 위해 '너희 형제는 새벽이나 늦은 밤에 방이 찬가 따뜻한가 항상 점검하고, 밑에 손을 넣어보고, 차면 항상 따뜻하게 몸소 불을 때드리되 이런 일은 종들을 시키지 않도록 해라. 그 수고로움도 잠깐 연기 쏘이는 일에 지나지 않는 것이지만 네 어머니는 무엇보다 더 기분이 좋을 것인데 너희들도 이런 일을 왜 즐거워하지 않느냐?' 이렇게 가르쳤다.

'떠나올 때 보니 너의 어머니 얼굴이 몹시 안됐더라. 늘 잊지 말고 음식 대접과 약시중 잘 드리거라.' 이렇게 적어 보내기도 했다. 자식들을 통해 우회적으로 사랑을 전달하는 것이 기껏 할 수 있는 조선조 사대부식 사랑 표현이었다.

그러나 시집올 때 입었던 치마를 남편에게 보내며 사랑을 전달하는 다산의 아내는 사랑이 왜 위로인지를 알았던 사람이다. 사랑하는 사람은 누구나 상대방의 따뜻한 마음과 소리 없이 어루만져 주는 말 없는 손길과 세심한 배려와 사랑의 확인을 갈망한다는 것을 누구보다 잘 알았던 사람이다.

제임스 홀리스의 말대로 '우리가 배우자를 위해서 할 수 있는 최선의 일은 배우자에게 처음보다 더 나아지고 흥미를 끄는 나를 선물하는 것'임을 알았는지도 모르겠다.

아무것도 할 수 없는 유배지에서 아내의 치마를 받았다가 가위로 하나하나 잘라내어 책을 만드는 인욕의 그 아픔을 평가절하하는 것은 아니지만 사랑을 표현하는 방식이 그것밖에 없었을까 하는 아쉬움이 든다.

상처받은 자를 따뜻하게 위로하는 사랑하는 이의 손길로 사람들은 절망에서 벗어나며, 혼자서는 누구나 외롭고 약한 존재이기 때문에 사람들은 사랑하는 이로부터 위로받기를 원하는 것이 아닌가.

4

여백이 있는 사람이 아름답다

간소하게
사는 일이
왜 이리
어려울까

　철이 바뀌어 장롱에 있는 옷을 옮겨야 할 때면 아내는 꼭 한마디씩 한다.
　"당신 이 중에 올 가을에 한 번도 안 입은 옷 많지?"
　"안 입는 옷이 왜 이리 많은 거야. 안 입으려면 버리든가."
　계절이 바뀔 때마다 딸아이는 옷이 없다고 투정이다.
　"옷이 없다니, 없긴 왜 없어?"
　그렇게 물으면, "입을 옷이 없어요." 그런다.
　오늘 밖에 입고 나갈 제 맘에 드는 옷이 없다는 것을 입을 옷이 없다고 말한다.
　우리 집만 그런 건 아닌 것 같다. 집집마다 안 입고 장롱 속에서 이리저리 자리만 옮겨 다니고 있는 옷들이 넘쳐날 것이다.

얼마 전에 《혼자만 잘 살믄 무슨 재민겨》의 저자 전우익 선생이 한 말이 생각난다. 요즘 우리나라 사람들은 "죽어라고 일하고, 죽어라고 사들이고, 죽어라고 버린다"는 것이다. 농사지으며 살고 있는 당신도 지금 신발이 여섯 결레나 되고 바지가 이것저것 합치면 열 개나 된다면서 부끄러워 죽겠다고 하신다. 뭐가 이렇게 많이 필요하냐는 것이다. 그런데도 어쩌다 서울 나들이를 할 때면 무언가를 사 가지고 오게 되는 자신을 질책하신다. 전우익 선생님의 말씀을 들으면서 나는 더 부끄러웠다.

헨리 데이비드 소로는 "나의 상의와 바지, 모자와 신발이 그 차림으로 하느님을 예배하기에 손색이 없다면 그것으로 족하다고 할 수 있지 않겠는가?" 이렇게 말한 적이 있다. 우리들은 정작 사람은 잘 알지 못하면서 외투나 바지에 대해서는 참 많이 알고 있다는 것이다. 요즘 젊은이들 중에는 소로의 지적처럼 '떨어진 바지를 입기보다는 차라리 다리가 부러져 절룩거리며 걷는 것을 택할' 사람들도 있을지 모른다. 유행이라는 것도 사실은 끝없이 욕망을 부추기는 소비 심리에 우리가 넋을 잃고 끌려 다니는 것뿐이다. 끝없이 소비하게 하는 충동질에 끝없이 기웃거리면서 사들인 것을 끝없이 버리고 있는 것이다.

넘쳐나는 것은 옷만이 아니다. 매일매일 먹지 않고 버리는 음식은 또 얼마나 많은가. 나는 저녁 설거지를 끝내고 음식 쓰레기를 버리러 잔반통을 들고 나갈 때면 민망하기 그지없는 때가 많다. 먹지 않고 두었으나 냉장고 청소를 하다가 결국은 버려야 하는 음식이 넘쳐날 때면 죄를 짓는 것 같다. 음식 얘기를 하면 다른 집도 거의 다 그런다고 한다. 아깝다고 상한 음식 먹을 수는 없으니 어찌하냐고 한다.

김치를 양동이만큼씩 버리는 집도 있고, 과일이 한 보따리씩 나오는 집도 있다. 명절이 끝나고 한두 주일이 지나면 무더기로 쏟아져 나오는 전이나 부침개, 나물과 떡들이 즐비하다. 집집마다 그런 것 같다. 평상시에도 밥 말고 먹는 것들이 많아서 버려지는 것도 많지만 음식을 많이 하고, 많이 남기고, 많이 버리는 일이 집집마다 반복되는 것은 아닌가 하는 생각도 든다. 대형 마켓들이 늘어나면서 이제는 시장에 가면 양손 가득 몇 보따리씩 물건을 사서 차에 싣고 온다. 그 속엔 한두 주일이 지나면 비닐봉지도 끄르지 않고 버릴 것들이 많다.

그러나 이런 삶의 방식에 점점 길들여져 가는 우리들이 스스로에게 물어보아야 할 것이 있다. 넘치도록 풍족하게 먹고 마시고, 둘 데가 없을 정도로 많은 옷을 입고 사는 우리들은 요즘 정말 행복한가 하는 것이다. 늘 부족하다고 느끼고 있지는 않은지. 그래도 어딘가 허전하고 늘 남들보다 무언가 뒤떨어지는 것 같고, 모자라는 듯하고,

상대적인 결핍을 느끼지는 않는지. 그걸 물어보고 싶다.

더 많은 것을 갖고자 하고, 더 많은 것을 얻고자 끝없이 매달리는 삶에는 행복이란 없다. 적은 것으로 만족할 줄 모르는 사람에겐 행복이 찾아오지 않는다. 낮은 것에도 기뻐하고, 좀 천천히 가면서도 감사할 줄 아는 사람에게만 만족이 찾아온다.

헨리 데이비드 소로는 하버드대학을 나왔음에도 세속적인 욕망을 접고 도끼 한 자루만 갖고 콩코드의 숲 속으로 들어가 월든 호숫가에 손수 집을 짓고 농사일을 하며 살았다. 그는 우리에게 이런 말을 남기고 있다.

> 간소하게, 간소하게, 간소하게 살라! 제발 바라건대, 여러분의 일을 두 가지나 세 가지로 줄일 것이며, 백 가지나 천 가지가 되도록 두지 말라. 백만 대신에 다섯이나 여섯까지만 셀 것이며, 계산은 엄지손톱에 할 수 있도록 하라. 문명 생활이라고 하는 이 험난한 바다 한가운데서는 구름과 태풍과, 그리고 천 가지 하고도 한 가지의 상황을 더 파악해야 하므로, 배가 침몰하여 바다 밑에 가라앉아 목표 항구에 입항하지 못하는 사태가 벌어지지 않도록 하기 위해서는 …… 간소화하고 간소화하라 …… 백 가지 요리를 다섯 가지로 줄여라. 그리고 다른 일들도 그런 비율로 줄이도록 하라.

그러나 이 말이 정말 가슴 깊이 사무쳐 오는 사람들은 과연 오늘날 몇이나 될까. 정말 대량으로 소비하는 삶의 덫에서 한 발 비켜나 자신에게 충실하며 간소하게, 자연처럼 소박하고 건강하게 살아야겠다고 다짐하는 사람은 얼마나 될까.

여백이 있는 풍경이 아름답다

　신부님을 만나고 돌아오는 길, 고속도로로 들어서지 않고 국도로 길을 잡았다. 라일락 향기를 맡을 수 있으면 좋지만 안 되면 야산에 진달래 피어 있는 거라도 보고, 호수를 만나면 잠시 물 구경도 하면서 가고 싶은 생각에서였다.
　저녁 무렵 비산비야(非山非野)의 낮은 구릉들 위로 열 지어 선 나무들의 모습이 참으로 아름다웠다. 나뭇가지들이 서로 교차하고 이어지면서 만들어내는 섬세한 풍경은 발걸음을 붙잡곤 했다.
　그러다 생각해보니 언덕 위에 줄지어 선 나무들의 모습이 아름다운 건 그 나무들 뒤에 말없이 배경이 되어주고 있는 빈 하늘 때문이라는 생각이 들었다. 나뭇가지들의 세세한 곡선과 균형, 멋들어지게 휘어진 모습으로 자라온 나무들의 지난 생과 무난한 어울림, 자잘한 잎새의 떨림과 흔들림까지 빠짐없이 보여주는 빈 허공이 없다면 나무들은 그렇게 빛나지 않았을 것이다. 빽빽한 숲 속에서는 그런 것들이 발견되지 않았을 것이다.

나무들이 아름다운 건 어찌 보면 허공 때문이다. 나무들의 아름다움을 제대로 보려면 허공까지 포함해서 보아야 한다. 허공, 비어 있는 공간이야말로 아름다움을 이루는 중요한 공간인 것이다.

다석 유영모 선생은 아무것도 없는 허공이야말로 참이라고 했다. 허공이 곧 하느님이라고 했다. 형태도 모양도 없이 계시는 분이 하느님이라고 했다. 염화미소(拈華微笑)를 바르게 깨달으려면 꽃만이 아니라 꽃 밖의 허공을 보라 한다. 꽃과 허공이 마주치는 아름다운 곡선을 보고도 꽃만 보아서는 안 된다는 것이다. 꽃을 있게 하는 것은 허공이라는 것이다.

조각 작품도 마찬가지다. 조형물의 뒤를 받쳐주는 빈 공간, 또 하나의 공간까지 합쳐서 우리는 그 작품을 감상한다. 조각 작품이 가장 아름답게 보이는 자리가 있다는 것도 작품의 여백까지 포함해서 가장 아름답게 보이는 자리를 말하는 것이다. 그것을 '허공간(네거티브 스페이스)'이라 한다. 그런데 애석하게도, 도시 한복판에서 만나는 작품들은 제대로 된 자기 자리를 잡아 서 있는 것 같지 않다. 거대한 빌딩에 가려져서 왜소해 보이거나 건물들과 잘 조화되지 못한, 어딘가 동떨어진 모습으로 서 있는 것 같은 느낌을 받을 때가 많다. 특히 많이 느끼는 게 조각 작품의 뒤를 받쳐주는 여백을 만날 수 없다는 것이다. 그래서 꽉 막힌 답답한 느낌을 받는다.

　다보탑의 아름다움은 탑의 아름다움만이 전부가 아니다. 탑 뒤의 나무와 그 너머 푸른 하늘까지 포함해서 다보탑인 것이다. 절 집의 아름다움이 건축 하나만 똑 떼어내서 아름답다 하지 않는다. 추녀까지 내려가는 비스듬한 사선과 뒷산의 능선이 조화를 이룬 모습까지 포함해서 아름답다고 한다.

　사람도 여백이 있는 사람이 인간답게 느껴진다. 빈틈이 없고 매사에 완벽하며 늘 완전무장을 하고 있는 듯 보이는 사람보다는 어딘가 한 군데는 빈 여백을 지니고 있는 듯해 보이는 사람이 더 정겹게 느껴진다. 뒤에 언제나 든든한 힘과 막강한 무엇이 꽉 차 있는 것처럼 보이는 사람보다는 텅 비어 있는 허공이 배경이 되어 있는 사람이 인간다운 매력을 준다. 여백이 있는 풍경이 아름답듯 여백을 지닌 사람이 더 아름다운 사람이 아닐까. 욕심을 털어버린 모습으로 허공을 등지고 서 있는 사람이.

좀 더
적극적으로
느리게 살기

　매미 소리가 시원하고 상쾌한 가락으로 곡선을 그리며 다가온다. 매미 소리가 들리는 나무 그늘 아래에 누워 아무 생각 없이 하늘을 올려다보았으면 싶다. 모시메리나 마로 된 옷이어도 좋고, 그게 아니면 그냥 헐렁한 옷을 입고 물가에 앉아서 책을 읽으면 좋을 것 같다. 졸음이 오면 잠을 자며 그렇게 며칠을 보냈으면 좋겠다. 일에 매달려 쉴 틈 없이 바빠 사는 사람들이 들으면 참 한가한 소리를 한다고 할지 모르겠지만 좀 느리게, 천천히 살고 싶다.
　나 역시 늘 시간에 쫓기며 산다. 그래서 늘 쉴 틈이 없고 피곤하다. 나만 피곤한 게 아니라 내 주위에 함께 일하는 사람들도 피곤하게 만든다. 늘 다음 일이 기다리고 있고, 해야 할 말이 많으며, 써야 할 글이 쌓여 있다.

 그렇게 살다 보니까 내 스스로 하고 싶은 일을 할 시간을 내지 못한다. 내가 해야 할 말 때문에 남의 말을 들을 시간이 없고, 써야 할 글이 많다 보니 다른 사람의 글을 읽을 시간이 적다. 바로 그게 문제라는 생각이다.

 글 쓰는 사람은 다른 사람보다 더 많이 남의 글을 읽고, 좋은 이야기를 더 많이 듣고, 그러고 나서 자기가 쓰고 싶은 글을 써야 좋은 글이 나온다. 그래야 바빠 살면서 자기 시간을 갖지 못하는 다른 사람들의 마음을 움직이는 글을 쓸 수 있지 않겠는가. 그래서 가능하면 자기 시간을 많이 확보하려고 애를 쓴다. 지치지 않으려고 하고, 지치면 걸음을 멈추려 한다.

 프랑스의 철학자이며 에세이스트인 피에르 쌍소는 피곤함에 대해 적극적인 해석을 내놓는다. 우리에게 피곤이 찾아온다는 것은 그동안 이 세상에서 우리가 맡았던 과제를 잘해낸 덕분에 나타나는 것이라고. 일을 하느라 잘 몰랐던, 제대로 돌아볼 사이가 없었던 육체가 그 모습을 정직하게 드러내는 것, 그것이 피곤이라는 것이다. 그 정직한 모습을 있는 그대로 받아들이고 육체를 쉬게 해주는 일이 그래서 필요하다는 것이다. 좀 더 적극적으로 느리게 살기 위해 피에르 쌍소는 다음의 아홉 가지를 권한다.

첫째, 한가로이 거닐기 - 나만의 시간을 내서 발걸음이 닿는 대로, 풍경이 부르는 대로 나를 맡겨보면 어떨까?

둘째, 듣기 - 신뢰하는 이의 말에 완전히 집중해보는 것은 어떨까?

셋째, 권태 - 무의미하게 반복되는 사소한 일들을 오히려 소중하게 인정하고 애정을 느껴보면 어떨까?

넷째, 꿈꾸기 - 우리 내면 속에 조용히 자리하고 있던 희미하면서도 예민한 의식을 때때로 일깨워보는 일은 어떨까?

다섯째, 기다리기 - 자유롭고 무한히 넓은 미래의 지평선을 향해 마음을 열어보는 것은?

여섯째, 마음의 고향 - 내 존재 깊은 곳에서 지금은 희미하게 퇴색되어버린 부분, 낡은 시간의 한 부분을 다시 한 번 떠올려본다면?

일곱째, 글쓰기 - 우리 안에서 조금씩 진실이 자라날 수 있도록 마음의 소리를 옮겨보면 어떨까?

여덟째, 포도주 - 지혜를 가르치는 학교, 그 순수한 액체에 빠져보는 것은?

아홉째, 모데라토 칸타빌레 - 절제라기보다는 아끼는 태도, 그 방식을 따라본다면?

이런 삶을 선택한다는 것은 시간을 급하게 다루지 않고, 시간의 재촉에 떠밀리지 않겠다는 단호한 결심에서 나오는 것이며, 또한 삶의 길을 가는 동안 나 자신을 잊어버리지 않기 위한 능력과 세상을 받아들이는 마음의 폭을 넓히겠다는 확고한 의지에서 비롯된 것이라고 한다.

우리 사회에서도 피에르 쌍소가 이야기한 느림의 문화가 잔잔히 확산되어 가고 있다고 한다. 폭탄주나 원샷 술 마시기처럼 빠르고 거칠게 돌아가는 사회의 모습을 반영하는 술 마시기보다, 향기와 색깔과 맛을 천천히 음미하며 즐기는 포도주 소비량이 몇 해 전부터 60퍼센트가량 증가하였으며, 앞으로도 매년 20퍼센트씩 꾸준히 늘어날 것이라고 한다.

패스트 푸드 음식 문화에 반기를 드는 '슬로 푸드' 운동도 1986년 이탈리아에서 시작하여 지금 회원이 45개국 6만 5천여 명으로 늘어났다고 한다. 자동차보다는 자전거 타기를 좋아하고 십자수나 퀼트를 즐기는 사람이 2~3년 전부터 폭발적으로 늘어나고 있다는 것이다.

나도 몇 해 전부터 빠르고 거칠고 격한 노래가 아니라 '작고 낮고 느린' 삶을 지향하는 시들을 노래로 만들어 부르는 운동에 참여하고 있다. 작곡가, 시인, 가수들이 하나 되어 만든 '나팔꽃'이란 모임이 그것이다. 모두들 크고 높고 빠른 삶을 향해 앞으로 달려가기만 할 때 '느리게 살자, 천천히 가자, 작은 것도 소중하다'라고 말하는 사람도 있어야 한다는 것이 나팔꽃의 슬로건이다. 그 속에서 진정한 자기 자신의 얼굴을 만날 수 있기 때문이다.

윤회하는 나무들

헐렁한 옷으로 갈아입은 뒤 끌신을 신고 나서니 편하기 이를 데 없다. 저녁바람이 소슬하게 불어와 목에 감긴다.

"아, 좋다!"

내게 오는 바람의 느낌을 표현하기에 가장 적합한 말이다. 입에서 생각보다 먼저 그런 말이 쏟아져 나온다. 장미가 피었다 시든 벽돌 담을 지나 능소화꽃 핀 울타리를 지나 동네 슈퍼에 가서 저녁 장을 보았다. 상추, 깻잎, 치커리잎, 쑥갓, 오이 이런 채소들을 샀다. 오다가 길에 놓고 파는 호박과 감자도 샀다. 장 본 채소들을 들고 천천히 걸어오는 저녁 무렵 감나무 잎을 스치는 바람 소리가 듣기 좋다.

돌아오는 길에 땅바닥에 떨어진 풋감 여러 개를 보았다. 몇 개 주위 보니 조금 큰 건 떨어지면서 충격으로 금이 갔다. 떨어진 감들은 그냥 그렇게 버려질 것이다. 감꽃이 피고 열매를 맺고, 그러면서 감나무는 감 한 알 한 알이 다 대견했을 텐데 바람 거센 날 몇 개를 잃고 빗발이 몰아치는 날 또 몇 개를 잃고 병이 들어 어쩔 수 없는 몇 알을 또 잃고 그랬을 것이다.

　속으로는 가슴이 아팠겠지만 말도 못하고 얼마나 속이 탔을까. 꽃이나 풀, 나무도 저희끼리는 말이 통하고 감정이 오고갈 텐데.

　사람과 말이 안 통할 뿐이지 이파리와 가지, 뿌리와 나무둥치, 꽃과 열매가 저희끼리 주고받는 의사소통 수단이 있지 않을까. 아파하고 목말라하고 두려워하고 꿈틀거리는 감정의 교류가 있을 거라는 생각을 해본다.

　좋아하는 바람 소리와 싫어하는 바람 소리가 있을 테고, 목마르게 기다리는 빗소리와 두려워 몸을 피하고 싶은 천둥소리가 있을 것 같다.

　미모사 잎에 손을 대면 금세 잎이 오그라들면서 아래로 축 처진다. 사람이나 짐승에게 언제든 죽임을 당할 수 있는 것을 직감하면서 보이는 반응이다. 체내 수분이 즉시 아래로 방출되면서 나타나는 현상이라고도 하는데 자기방어 행동의 하나라고 볼 수 있다. 이파리 속에 사람처럼 신경조직이 있고, 놀라거나 두려움에 반응하는 행동을 보면 감정을 표현하는 자기 나름대로의 방식이 있을 것 같다.

《식물은 왜 바흐를 좋아할까》라는 책을 저술한 차윤정 씨의 말에 따르면, 클래식 음악과 록 음악을 식물에게 지속적으로 들려주면 흥미로운 반응을 읽어낼 수 있다고 한다. 옥수수, 호박, 백일홍, 금잔화 등을 대상으로 한 실험에서 클래식 방송을 틀어준 쪽으로 줄기가 이동하여 자라는 현상이 나타났다는 것이다. 게다가 식물들도 특정 작곡가를 선호하는데, 많은 실험을 통해 밝혀진 바에 의하면 식물들이 가장 많이 반응하고 선호하는 음악은 바흐의 오르간 음악이었다고 한다. 그러나 바흐의 음악도 인도의 전통 음악 앞에서는 별 효과가 없었다고 한다. 인도의 음악이 생명을 가진 것에게 다가가는 호소력이 가장 큰가 보다.
　소리는 진동으로 전달되는데 사람에게 부드럽고 감미로운 음악은 식물들에게도 역시 부드럽고 감미로울 수 있으며, 록 음악은 식물에게도 세포 전위나 활성 전위에 부정적인 영향을 끼치는 것이 분명하다고 차윤정 씨는 말한다.

　그렇게 생각해보니 나무도 생로병사에서 자유롭지 못하다. 나고 자라고 번창하고 병들고 죽는 일을 한다. 산불이 휩쓸고 지나간 폐허의 대지 위에 소나무 새순은 자란다. 산불이 났을 때 그 열기가 아니었다면 솔방울의 단단한 껍질은 열리지 않았을 것이다. 다른 나무들이 다 타 죽고 난 산등성이에서 개망초 같은 한해살이풀이나 억새

같은 여러해살이풀이 자리를 잡는 동안 소나무 새순도 어린 몸을 붙들고 용틀임을 했을 것이다.

여러해살이풀들이 목숨을 유지하는 데 방해가 되는 잎과 꽃을 버리고 나서 겨우 살아남을 수 있던 겨울 동안 그래도 어린 소나무는 푸르게 겨울을 견딜 수 있는 체질을 타고났으니 얼마나 다행스런 일이겠는가.

싸리나무, 진달래, 철쭉 같은 키 작은 관목들과 햇빛을 다투는 경쟁에서도 이긴 소나무들은 쑥쑥 자라 몸통이 제법 굵어지고 숲의 주인이 되었을 것이다. 더구나 겨울에는 완전히 숲을 장악하고 혼자 푸른빛을 잃지 않은 채 눈비를 맞으며 지내는 동안 사람들의 찬사를 받아 더욱 우쭐해졌을 것이다. 사람들이 자기를 닮아야 한다고 말하기도 하고 자기를 위해 헌정하는 노래를 부르고, 자기의 모습을 담은 그림을 그려 집에 걸어놓고 있는 걸 보면서 소나무는 더욱 자신감에 차 있었을지도 모른다.

그래서인지 소나무가 번창하는 숲에는 다른 나무들이 자라지 못한다. 소나무 아래에서는 어떤 풀도 자라지 못한다. 경쟁 관계에 있는 다른 식물들을 견제하기 위해 뿌리에서 독한 물질을 뿜어내기 때문이다. 독야청청(獨也靑靑)하는 이면에는 성장 저해물질을 끊임없이 분비하며 자신을 지키는 독선적인 면이 숨겨져 있는 것이다. 그래서 어린 소나무조차 그 근처에서는 자라지 못하게 한다.

그러나 소나무도 도토리나무나 떡갈나무 같은 참나무들과의 싸움에서는 지고 만다. 참나무가 자기 열매를 좋아하는 다람쥐나 청설모를 마음대로 움직이며 씨를 퍼뜨리기 때문이다. 짐승들의 도움을 받아 싸움을 걸어오는 참나무들과 수십 년 싸워서 이기는 소나무들은 없다. 결국 소나무보다 더 높은 하늘을 차지한 참나무들에 의해 빛을 차단당하면서 소나무의 위세는 꺾이고 만다.

소나무를 이긴 참나무들은 가을에 산 전체를 자기들의 잎으로 덮는다. 낙엽으로 토양을 비옥하게 만드는 것이다. 비옥하고 두툼해진 산은 많은 빗물을 저장할 수 있고 풍부한 산소를 만들어내 숲다운 숲을 이룬다. 오랜 세월 이런 숲을 만들고 가꾸며 나무는 점점 더 성장하고 숲은 울창해진다.

그러나 사람 사는 사회든 나무들의 세계든 최고의 자리를 유지하는 기간이 길어지면 부패하게 마련이다. 비대해질 대로 비대해진 나무들은 우선 자기 몸을 유지하기 힘들어진다. 수없이 뻗은 가지와 거기서 자라는 잎들을 다 먹여 살릴 수가 없게 되어 나무는 스스로 오래된 가지들을 죽게 만들거나 나뭇잎들을 일찍 떨어뜨리려 한다. 이 구조조정의 과정에서 나무의 안쪽은 서서히 썩어간다. 나무의 단단하던 중심부가 나무좀이나 곰팡이들에 의해 서서히 분해되면서 목재 속은 부서지기 시작한다.

차라리 다람쥐나 새가 둥지를 틀고 살 수 있도록 살 집을 내주는 나무들은 그 공동 때문에 거대한 나무들이 바람에 쓰러질 때에도 살아남을 수 있다고 한다. 그러나 안에서부터 서서히 부패하기 시작하는 나무들은 끝내 견디지 못하고 무너지고 만다. 그때쯤이면 옆에서 자라는 젊은 나무들도 고목이 쓰러지기를 바라며 공격해오고, 또 안쪽이 썩어가며 발생하는 메탄가스로 내부가 꽉 차 있기 때문에 항상 불에 탈 위험성에 직면해 있게 된다.

결국 마른 번개가 치는 날, 하늘에서 더 이상 오만함을 두고 볼 수 없다고 판단한 날, 천둥과 벼락이 치고 가장 크게 자랐던 나무, 가장 비대해진 나무, 가장 부패한 나무, 가장 오랫동안 숲을 지배하며 절대 권력을 행사해오던 나무는 불타게 되는 것이다.

사람들은 그 숲에 자연적인 산불이 났다고 하지만 그렇게 산 하나를 다 태워버리고자 하는 하늘의 뜻까지 읽어내지는 못한다. 그리고 그 산불로 끝나버린 숲에 솔방울의 단단한 껍질이 터져 열리며 솔씨들은 다시 잿더미 위에서 윤회의 삶을 시작하게 된다.

나무들도 그렇게 나고 자라고 번창하고 싸우고 병들고 죽어가는 삶을 되풀이한다. 생명을 가지고 있어서 생명의 움직임대로 자신을 지키며 사는 동안 사람처럼 삶의 애환을 겪는다.

그러니 어찌 슬픔과 기쁨, 즐거움과 노여움, 기다림의 긴 밤과 애타는 새벽이 없겠는가. 목마름으로 애타는 시간과 긴장하는 겨울이 있고, 햇빛을 차지하기 위한 싸움과 세력을 넓히기 위한 계략이 있으니 어찌 윤회에서 벗어날 수가 있겠는가.

그러나 나무가 사람보다는 백 번 낫다. 지배하고 차지하기 위해 싸우는 모습이 사람처럼 노골적이지는 않다. 사람처럼 잔인하지 않다. 사람처럼 처절하지 않다. 저희끼리 햇빛과 바람과 물을 얻기 위해 다투지만 사람처럼 전쟁을 하지는 않는다. 많은 날들을 순리에 따르고자 하고 자연의 하나로 섞여 말없이 살고자 한다. 적은 것을 얻고 많은 것을 주고자 하며 해마다 처음부터 다시 시작하는 삶을 산다. 다 버리고 다시 시작한다. 내가 가진 것이 늘 내 것이 아니라는 삶의 모습을 보여준다. 언제든지 대지로부터 받은 것은 대지로 돌려주고 하늘로부터 받은 것은 하늘로 돌려주어야 한다는 것을 보여준다. 사람 가까이 내려온 나무들을 보고 나무들로부터 많은 것을 배운다.

멈출 때가 되었다

'타인은 지옥'이라는 말이 있다. 사르트르의 말이다.

한 개인을 울타리처럼 둘러싼 채 소외시키는 현대인의 삶을 이야기하면서 한 말이다. 만약 세상이 아는 사람 하나 없는 출근 시간대의 만원 지하철에 끼어 기약도 없이 실려 가는 것 같다면 우리는 하루도 살지 못할 것이다. 타인이 지옥이면 이 세상은 지옥이다. 사는 일이 지옥인 것이다.

우리는 늘 남과 섞여 살아간다. 남과 함께 일하고 남에게 신세를 지거나 남에게 도움을 주기도 하면서 살아간다. 매일매일 남과 함께 모여 무언가를 하면서 살아간다. 살아 있다는 것은 그렇게 자기가 하는 일이 다른 어떤 것과 의미 있게 연결되어 있다는 것을 확인하는 일이다.

'타인이 천국'이어야 한다. 그러나 말처럼 쉬운 일은 아니다. 그럼에도 타인들과 함께 천국을 만들어가야 한다. 남과 더불어 일하며 사는 하루하루의 삶에서 보람을 느끼고 기쁨을 맛보며 삶의 의미를 찾아야 한다.

나와 우리가 이 땅에서 함께 행복하고 만족스럽게 살기 위해 시작한 일은 우리를 분주하게 만든다. 일에는 일 자체의 관성과 탄력이 있어서 한 번 시작을 하면 속도를 내기 시작하고, 속도가 붙으면 여간해선 잘 멈추지 않는다. 행복과 만족은 더 큰 행복과 만족을 찾게 하고 삶이 나아진 것 같기는 한데 채워지지 않은 부분이 여전히 존재하며, 어느 날부터인가 몸과 마음이 지치기 시작한다. 생활은 습관에 의해 움직이고 있으며, 내가 무엇 때문에 이런 삶을 시작했는지 기억이 잘 나지 않는 상태가 찾아온다.

남과 더불어 살며, 도움을 주고받으며 서로 고마워하고, 함께 있음으로 해서 우리가 살고 있다는 생각보다는 내가 더 손해 보고 있는 것 같은 생각이 들기 시작하고, 나를 더 알아주지 않는 것 같아 속이 상하기 시작하며, 자꾸만 나를 남에게 과시하거나 드러내 보이고 싶어지는 날이 찾아온다. 타인이 천국이기는커녕 피곤한 존재라고 느껴지면 잠시 걸음을 멈추어야 한다.

타인들과 함께하는 시간이 힘겹고 버거워서 빨리 일을 끝내고 집으로 돌아가려고 서둘렀는데 집에 들어서는 순간 마음속에 그들도 피하고 싶은 대상이란 걸 확인하게 되면 멈추어야 한다. 멈출 때가 된 것이다.

큰애는 갑자기 입고 나갈 옷이 없다고 옷을 다려 달라고 징징대고, 화분에 꽃이 말라죽었다며 같이 일하고 들어온 아내나 남편은 책임을 상대방이 져야 하는 것처럼 말하고, 작은아이는 방을 가득 어질러 놓은 채 과제물을 혼자 다 어떻게 하느냐고 도움을 청하는데 건성으로 말을 들어주며 가방에 넣어온 일거리에 대한 걱정을 하는 동안 부엌에선 냄비에 올려놓은 생선이 바닥까지 타고 말았을 때, 슬기로운 사람은 멈출 때가 되었다는 걸 눈치채야 한다.

삶의 속도에서 내려 자기만의 시간과 공간을 마련해야 한다. 그게 휴식이나 여행일 수도 있고, 기도일 수도 있고, 달리기일 수도 있고, 명상 수련에 참가하는 것이거나 삼림욕일 수도 있다. 뉴에이지 음악을 듣는 것도 방법이고 아무것도 하지 않는 것도 방법의 하나이다. 고요한 시간 속에 자기를 놓아두어야 한다. 그게 몇 시간이어도 좋고 며칠, 아니 때론 몇 년일 수도 있다. 그건 현실로부터 달아나는 것이 아니다. 달아나는 것이라기보다 삶으로 더 깊이 들어가기 위한 과정이다.

그래야 고요해진다. 고요해지면 다시 맑아지고, 맑아지면 밝아진다. 마음이 밝아지고 맑게 가라앉아야 자기 마음의 선한 바탕과 다시 만나게 된다. 그런 선한 바탕으로 돌아와야 다시 입에서 나오는 말이 고와지고 부드러워진다. 얼굴이 편한 모습을 되찾고 눈매가 평화로워진다. 그래야 다시 가까운 사람들에게 내 본래의 모습대로 말하고 일할 수 있게 된다.

 자기 마음의 바탕을 잃은 채 말하고 행동하면 자기도 모르게 곁에 있는 이들에게 상처를 주게 된다. 나는 의식하지 못하고 있었는데 상대방은 나 때문에 이 세상이 지옥이라고 생각하며 살았을 수도 있다. '타인이 천국'일 수는 없겠지만 다른 사람과 함께 이 세상을 살 만한 곳으로 만들어야 나도 행복하게 살 수 있다. 수없이 본래의 내 모습, 내 선한 마음의 바탕, 자성으로 돌아와야 하는 이유가 거기에 있다.

가장 부러운 좌우명

우리 주위에는 문명과 일정한 거리를 두고 살기 때문에 정신이 빛나는 삶을 사는 분들이 많다 《강아지똥》의 저자 권정생 선생님, 아동문학가 이오덕 선생님, 이현주 목사님, 대학교수직을 버리고 농사꾼이 된 윤구병 선생님, 박달재 밑에서 농사를 지으며 판화를 하는 이철수 화백 등등 많은 사람들이 있다.

일찍이 스콧 니어링은 자신이 서구 문명에 작별을 고한 이유가 첫째는, 서구 문명의 위선적 태도에 염증을 느꼈기 때문이요, 둘째는, 그것이 경쟁을 으뜸 원리로 삼아 세워졌기 때문이라는 것이다. 경쟁은 분열을 일으키는 사회적 힘이며, 따라서 결국은 파괴를 가져오고 대립과 적대를 일삼게 된다는 것이다. 셋째는, 도박을 일삼는 군대의 모험주의 때문이라는 것이다. 탐욕과 경쟁의 원리는 반드시 전쟁으로 귀결된다. 그런 이유로 그는 모든 전쟁을 경제 전쟁이라 했다.

수십 년간 학자로서 대학교수로서 전망을 모색하고 진보를 기대하며 노력해 왔지만 그가 발견한 것은 황폐함과 이기주의, 부정과 부패, 타성과 무관심, 권태 등이었고, 세계는 혼란스럽고 뒤숭숭하며 비극적이어서 전혀 마음에 들지 않았다는 것이다. 세상은 그가 생각한 것보다 훨씬 복잡하고 상호의존적이었으며 모순과 무지, 편견과 분노, 증오로 가득 차 있었다. 세계대전과 그 이후의 한국전쟁, 베트남전쟁 등을 지켜보면서 그는 서구 문명을 위험한 고객으로 간주하고 그의 장부에서 지워버린다.

사실 그가 선택한 시골생활이었다고는 하지만, 한편으로는 전쟁을 통해 기업을 살찌우고 경제를 일으켜 세우려는 거대한 광기에 휩싸인 미국 주류사회로부터 철저히 소외되고 내쫓긴 것이었다. 버몬트의 숲 속으로 들어간 스콧 니어링 부부는 자연과 접하면서 하루에 생계를 위한 노동 네 시간, 지적 활동 네 시간, 좋은 사람과 친교하며 보내는 시간 네 시간으로 완벽하게 하루를 보내는 생활을 한다. 마을 사람들과 서로 도우며 살되 소유욕을 억제하고, 절대로 돈을 꾸는 일이 없으며, 돈이 없으면 없는 대로 지냈다. 이렇게 농사를 지으며 사는 동안 경쟁적이고 공업화된 사회 양식에 필연적으로 따라다니는 네 가지 해악에서 벗어나는 데 성공하였다고 한다. 그 네 가지 해악이란 (돈과 가재도구를 비롯한) 물질에 대한 탐욕에 물든 인간들을 괴롭히는 권력, 다른 사람보다 출세하고 싶은 충동과 관련된 조급함과 시끄러움, 부와 권력을 차지하기 위한 투쟁에 반드시 수반되는 근심과 두려움, 많은 사람이 좁은 지역으로 몰려드는 데서 생기는 복잡함과 혼란을 말한다.

언제부턴가 내가 가장 부러워하기 시작한 그의 좌우명은 다음과 같다.

…… 간소하고 질서 있는 생활을 할 것. 미리 계획을 세울 것. 일관성을 유지할 것. 꼭 필요하지 않은 일은 멀리할 것. 되도록 마음이 흐트러지지 않도록 할 것. 그날그날 자연과 사람 사이의 가치 있는 만남을 이루어가고, 노동으로 생계를 세울 것…… 쓰고 강연하고 가르칠 것. 원초적이고 우주적인 힘에 대한 이해를 넓힐 것. 계속해서 배우고 익혀 점차 통일되고 원만하며 균형 잡힌 인격체를 완성할 것…….

실제로 그는 그렇게 살다가 100세가 되던 해 평화롭게 눈을 감았다. 그래서 전 세계의 많은 이들이 지금까지도 그를 존경한다.

무섭지 않으세요?

"무섭지 않으세요?"

내가 있는 산방에 놀러 와서는 이렇게 묻는 사람들이 있다.

산골짝 깊은 곳에서 혼자 지내는 생활이 부럽다는 생각을 하다가 동시에 무섭지 않을까 하는 걱정이 드는가 보다.

가끔 무섭다는 생각이 들 때가 없는 건 아니다. 밖에 나갔다 밤에 인적도 불도 없는 캄캄한 숲을 지나올 때면 무서움이 머리끝을 잡아당기는 날도 있다. 마음이 허한 날이다. 그러나 밤의 숲을 이루고 있는 나무 한 그루 한 그루 속에 자연의 영혼이 깃들어 있다고 느끼고, 나무나 산이나 고라니, 살쾡이, 들고양이, 바위와 꽃이 저마다 아프고 아름다운 생령이요 작은 우주라는 생각을 하면 무서움 같은 것은 갖지 않게 된다. 내가 두렵다면 그들은 나보다 더 두렵고 무서울 것이다. 아니, 그들이 나를 두려워하고 있을지도 모른다. 세상에 제일 두려운 게 사람이지 않은가.

교회 종 치는 일을 하면서 혼자 사시는 권정생 선생님에게 아이들이 "집사님, 밤에 혼자서 무섭지 않나요?" 하고 물은 적이 있단다. 그래서 "무섭지 않다. 혼자가 아니고 내가 가운데 누우면 오른쪽엔 하느님이 눕고, 왼쪽엔 예수님이 누워서 꼭 붙어 잔단다." 그렇게 대답을 하셨단다.

그랬더니 아이들은 눈이 똥그랗게 되어 "진짜예요? 그럼 자고 나서 하느님하고 예수님은 어디로 가요?" 하고 다시 묻더라는 것이다. "하느님은 콩 팔러 가시고, 예수님은 산으로 들로 다녀오신단다." 그렇게 대답을 했더니 더 이상 묻지 못하더란다. 그러고는 그 뒤에 하시는 혼잣말이 재미있다. "외롭다고 쩨쩨하게 밖으로 표 내고 사는 사람이 어디 있겠나? 혼자서 꾹꾹 숨겨놓고 태연스레 살 뿐이지……."

생쥐하고도 한 이불 속에서 같이 자는 선생님이 혼자 사는 일이 무섭지는 않지만 외롭기는 무척 외로우신가 보다 하는 생각을 했다.

그러면서 내 옆에는 누가 자나 하고 내게 물어보았다. 나는 죄가 많아 하느님 예수님이 오셔서 주무실 정도는 못 되니, 오른쪽엔 고요가 왼쪽엔 평화가 누워서 잔다고나 할까, 그런 생각을 했다. 고요하면서도 쓸쓸하고 평화로우면서도 외롭기는 하지만, 쓸쓸해도 고요해서 좋고 외롭다는 느낌보다는 오랜만에 맛보는 평화로움이 좋다고 생각한다.

요즘에는 하늘이 맑아서 그런지 밤에 별이 많이 뜬다. 그런데 별도 떠 있는 자리가 시간마다 다르다. 초저녁에는 눈에 익은 별자리가 안 보이다가도 한밤중에 나가 보면 조금씩 낯익은 별자리가 보이고 새벽엔 북두칠성, 북극성, 카시오페아 자리가 모두 확연하게 드러나 보인다. 밤이 점점 깊어지면서 별들이 제 동무들을 끌고 남쪽으로 남쪽으로 흘러가고 있는 걸 알게 된다. 아니, 별들은 자기 자리를 지키고 있는데 우리가 북쪽으로 멀어지는가 보다 하는 생각을 한다.

북극성을 바라보고 있으면, '별은 늘 그 자리에서 빛나고 있는데, 우리가 떠났다 돌아오기를 되풀이하는 건 아닌가' 하는 생각이 든다. 별들도 진리의 말씀처럼 길이 되어 거기 있는데 우리가 다가왔다 멀어졌다 하는 것 같다. 거기서 빛나고 있는 것들을 우리가 보았다 못 보았다 하는 것 같다. 동이 터 오면서 새벽하늘 속으로 점점 희미하게 사라져가는 별들을 보고 있다가, 별들이 사라지는 게 아니라 우리가 별들로부터 멀어져 가고 있다는 걸 알게 된다.

초저녁에 별이 드물게 보인다고 오늘은 별이 많이 안 뜨는 날이구나 하고 생각해서는 안 된다. 한밤중에 다시 나가 봐야 알 수 있다. 세상이 고요할 대로 고요해진 뒤에야 우주의 모든 별들이 다 나오기 때문이다. 서너 시쯤에는 온갖 별들이 은하수 근처에 모여와 물 건너로 별 조각 하나를 조약돌처럼 던지며 놀고 있는 걸 보기도 한다.

그러다 보니, 자다가 두세 시간이 멀다 하고 잠에서 깬다. 별이 지금쯤 얼마나 떴을까 궁금해서다. 밤중에 몇 번씩 일어나 밖으로 나갔다 들어오곤 한다. 벽 한 면이 유리로 되어 있어서 아예 창가로 이불을 가지고 나와 누워서 밤하늘의 별을 보면서 자다가 수없이 깨는 날도 있다.

그런 내 모습을 누가 옆에서 본다면 다시 또 "무섭지 않으세요?" 하고 물을는지 모른다. 무서운 게 아니라 설렌다. 지금 이 산속의 밤과 숲과 가을 별밭은 얼마나 아름다울까 그 생각으로 설렌다.

파도
한가운데로
배를 몰고
들어가라

　지난해 여름 가거도 앞바다에 태풍 프라피룬이 몰아칠 때였다. 태풍이 비켜갈 것이라는 기상예보와 달리 순간 최대 풍속이 58.3미터나 되는, 우리나라 기상 관측 이래 가장 강한 바람이 불어왔다.
　고흥산 노인은 강풍과 파도를 바라보다가 해두호를 이끌고 바다로 나갔다. 15미터가 넘는 파도 속으로 3톤짜리 작은 목선을 끌고 나가다니 그건 죽음의 늪 한가운데로 눈을 감고 걸어 들어가는 것이나 한가지였다. 그러나 고노인은 이런 파도라면 배를 방파제 옆으로 끌어다 놓아도 부서질 것이라고 생각했다. 물 위에 떠 있으면 배가 부서지지는 않는다는 생각을 했다. 그건 목숨을 건 모험이었다.
　고노인은 파도가 몰려오면 정면으로 배를 몰고 들어갔다. 정면으로 들어가지 않으면 한순간에 배가 날아가 버리기 때문이었다. 파도가 몰아치면 배는 하늘로 솟구쳤다가 다시 수직으로 떨어지곤 했다. 그렇게 10시간 가까이를 파도와 싸웠다.

그러는 사이, 파도는 방파제를 무너뜨리고 육지로 피신시킨 삼십여 척의 배들을 부수어버렸다. 40톤급 배 두 척도 들어 내동댕이친 엄청난 파도였다. 저녁 무렵 태풍은 북쪽으로 방향을 틀며 가거도 앞바다를 빠져 나갔고, 고노인은 배를 항구 쪽으로 몰고 왔다.

물고기가 물을 떠나 살 수 없듯이 뱃사람도 물을 떠나 살 수 없다. 그러나 물은 언제든지 모든 것을 앗아갈 수 있는 위험한 존재이기도 하다. 그 위에서 노동하며 살지만 바다는 언제든지 해일이 되고 폭풍이 되어 모든 것을 엎어버릴 수 있다. 시련과 고난이 늘 예비되어 있는 삶을 사는 것이다. 늘 출렁이는 위험 위에서 그걸 양식으로 바꾸어 하루하루를 사는 삶, 사실 우리들의 살아가는 모습도 그와 아주 흡사하다.

그러나 아주 크고 무서운 시련이 몰아칠 때 그 시련을 우물쭈물 피하려 하다가 모든 것을 잃느니 차라리 시련과 어려움의 한가운데로 배를 몰고 나가는 것이 사는 길일 수 있다는 것을 고노인은 보여주었다. 절망의 한가운데, 폭풍의 한가운데를 향해 정면으로 맞서는 것이 절망과 시련을 뚫고 나가는 가장 확실한 방법인 것이다. 방향타를 움직여 뱃머리를 정확히 파도 방향으로 맞추고 전속력으로 파도를 향해 돌진하는 배는 파도도 뒤집을 수가 없는 것이다. 온몸을 다 던져 뱃머리를 밀고 들어오는 뱃사람은 폭풍도 어찌하지 못하는 것이다.

싫어하는 사람에게도 신세 지는 때가 있다

약속한 장소에 나갔더니 미리 온 사람들이 여기저기 서성이고 있다. 거기서 모여 차로 한 시간 반가량 이동하게 되어 있었다. 좌우를 둘러보며 반가운 악수를 나누던 나는 일행 중에 별로 반갑지 않은 사람이 섞여 있는 걸 보았다. 속으론 내심 걱정이 되었다. B은 가끔 모임에 나타나 술에 대취하여 꼭 모임 분위기를 망치는 친구였기 때문이다. 그래서 승용차에 나누어 탈 때 나는 얼른 후배가 운전하는 차에 올랐다. 출발하면서 보니까 B의 승합차에는 타는 사람이 없었다.

산 아래에 도착하였을 때는 더 많은 사람이 모여 있었다. 자주 만나던 얼굴들도 있지만, 정말 오랜만에 만나는 벗도 있고, 새로 인사를 나누어야 하는 사람도 여럿 있었다. 거기서도 또 썩 반갑지 않은 사람을 만났다. ㄱ은 워낙 개성이 강한 사람이라서 남과 잘 어울리지 못하는 친구였다. 자존심도 강하고 말과 행동이 너무 튀기 때문에 남들과 잘 화합하지 못하는 사람이었다.

  일정 안내와 우리가 할 일 등을 들은 뒤에 산행과 답사가 시작되었다. 처음 한 시간가량은 그냥 걸을 만하였다. 능선이 조금 가파른 곳으로 접어들면서 오른쪽 무릎이 아프기 시작했다. 별일 없으려니 하고 일행의 뒤를 따라 올라갔다. 가면서 과일도 깎아 먹고 김밥을 나누어 먹을 때까지도 대수롭지 않게 생각했는데, 내리막길에서 발이 꼬이면서 앞으로 넘어지고 말았다. 발목이 부어오르고 통증도 심했다. 부축을 받아야 겨우 몇 걸음씩 걸어갈 수 있었다. 오도 가도 못하고 나무둥치에 기대 앉아 있을 때 ㄱ이 달려왔다. ㄱ은 여기저기를 누르며 아픈 곳을 묻더니 배낭에서 침통을 꺼내 침을 놓는다. 직업을 자주 바꾸는 동안 이 친구는 침도 곧잘 놓았다. 한 시간 정도 지나자 다리가 한결 부드러워졌다. 하지만 거기서 돌아 내려와야 했다. 그 상태로는 목적지까지 갈 수가 없었다. ㄱ에게 몇 번이고 고맙다는 인사를 했다.

  그런데 산 아래까지 부축해서 병원으로 태워다 준 사람은 ㅂ이었다. 방향이 같으니까 자기가 데려다 주겠다고 나섰다. 후배들은 그 행사에 맡고 있는 역할이 있어서 빠질 수가 없었다. 나는 ㅂ의 차에 실려 오면서 하필 내심으로 달가워하지 않던 사람들의 도움을 받고 신세를 지면서 오는 이유가 무엇일까 하는 생각을 했다.

사람에 대한 편견을 버리라는 뜻일까. 어떤 친구든 꼭 필요할 데가 있다는 걸 잊지 말라는 것일까. 네가 미워하던 사람에게 신세지는 때가 있을 것이라는 걸 기억하라는 것일까.

"모든 사람에게 예의를 다하고, 많은 사람에게 붙임성 있게 대하고, 몇 사람에게 친밀하고, 한 사람에게 벗이 되고, 아무에게도 적이 되지 말라"고 벤저민 프랭클린은 말했다.

무엇보다 중요한 것은 사람에 대한 예단을 버리고 있는 그대로의 그를 존중하라는 것일지도 모른다. 내 마음에 들지 않는다고 내 마음대로 그를 욕하고 미워하는 것이 얼마나 성급한 일인가를 깨닫게 된다.

엄마 딸이어서
행복했어요

"엄마, 난 다시 태어나도 꼭 엄마 딸이 될 건데, 엄마도 내 엄마 되어줄 거야?"

엄마는 대답 대신 고개를 끄덕이고…….

"난, 엄마 딸이어서 행복했어요."

엄마는 다시 고개를 끄덕이고…….

그것이 엄마와 저의 마지막 대화였습니다.

어떤 분이 자기 어머니의 임종을 옆에서 지키면서 나눈 마지막 대화다. 참 아름답다. 이 세상에서 가장 슬픈 장면인데 왜 아름답다는 생각이 들까.

'난 엄마 딸이어서 행복했다'고 말하는 딸의 말을 들으며 이 세상을 하직하는 어머니의 심정은 어떠했을까. 푸근하고 뿌듯했을 것이다. 기력이 다하고 통증 또한 심하여 말을 할 수는 없는 어머니이지만 딸의 말을 들으며 '그래, 내가 이 세상을 잘 못 살고 가지는 않는구나' 하는 생각이 들었으리라. 그리고 살아온 한평생의 삶에 대한 긍정은 죽음을 편안하게 받아들이는 계기가 되었을 것이다.

  다시 태어나도 내 엄마가 되어 달라고 말하는 딸의 말에 고개를 끄덕이는 엄마의 마지막 모습. 이 마지막 대화는 얼마나 사람의 가슴을 울리는 말인가. 그러면서 얼마나 인간적인 아름다움을 느끼게 하는 말인가.

  인연의 수레바퀴가 돌고 돌아 어느 먼 후생에서 이 모녀가 다시 태어난다면 자리가 바뀌어 태어날지 모른다. 인연설에 의하면 그럴 확률이 더 높다. 어머니가 자식이 되거나 베풂을 받는 이가 되고, 딸이 다시 부모가 되거나 사랑을 주는 이가 될 가능성이 높다. 갚아야 할 것이 있는 사람이 베푸는 자리로 옮아가고 사랑을 받기만 했던 사람이 한없이 베푸는 자리로 가는 게 윤회의 법에 더 맞을 듯싶다. 다음 생에서도 받기만 하는 이로 태어난다는 건 어쩌면 이기적인 심사인지도 모른다.

  그러나 이 대화의 깊은 뜻은 거기에 있기보다 지금 이승에서의 삶에 대한 고마운 마음에 있다. '엄마의 딸이어서 행복했다'고 하는 말은 엄마에 대한 헤아릴 수 없는 고마움을 표현하는 말이다. 어머니에 대한 고마움을 표현하는 말 중에 이보다 더 아름다운 말이 있을까.

  삶과 죽음과 인연이 이럴 수만 있다면, 죽음으로 이별하는 부모와 자식의 대화, 이 세상을 떠나는 이와 남는 이의 대화가 이럴 수만 있다면 얼마나 좋을까.

생명의 무게

 지난겨울부터 집에서 토끼를 키우고 있다. 아내가 가져온 토끼다. 아내의 직장 바로 뒤에 있는 산발치에 토끼들이 굴을 파고 모여 사는데 어린 새끼를 낳아놓으면 산고양이가 와서 잡아먹는다는 것이다. 그래서 고양이한테 잡아먹힐까봐 보호하고 있던 새끼 중에 한 마리를 집에 데리고 와서 기르게 된 것이다.

 토끼는 사람을 잘 따르지 않는다. 소리에 무척 예민하고 잘 놀라며, 끌어안는 걸 싫어한다. 사람들이 간혹 자기 몸을 만지면 심한 스트레스를 받는다. 산속에 살면서 늘 약자의 자리에 있기 때문에 누가 가까이 오면 일단 몸을 피하고 숨는다. 밝고 환한 곳보다는 구석지고 몸을 숨길 수 있는 곳을 좋아한다. 그래서 강아지와 다르게 정

붙이기가 어렵고 집에서 기르기가 쉽지 않다.

  그러나 막상 집에서 길러 보니 좋은 점도 있다. 우선 강아지처럼 시끄럽게 짖지를 않아서 이웃 아파트에 별 피해를 주지 않는다. 똥도 환약처럼 누기 때문에 치우기가 어렵지 않다. 누가 다가오면 일단 몇 발짝 물러나는 버릇이 있지만 친해지니까 제가 먼저 달려들기도 한다. 내가 앉아서 책을 읽고 있으면 내 무릎 위로 올라와 굴을 파기도 하고, 이것저것 참견을 하며 함께 놀고 싶어한다. 토끼는 주인을 손 냄새로 알아낸다고 한다. 그 덕분에 토끼한테 손을 많이 깨물렸다. 조금 아프긴 하지만 토끼와 친해진 것은 작은 아픔을 참아준 덕분이었다. 풀 먹는 짐승인데 깨물어 봐야 얼마나 아프겠어 하고 웃어 넘겨준 덕택에 요즘은 내가 가는 곳마다 졸졸졸 따라다닌다.

  내 서재는 쌓아놓은 책으로 발 디딜 틈이 없어 토끼가 가장 좋아하는 곳이다. 숨을 곳도 많고, 책 계단을 밟고 이리저리 오르고 내리는 재미를 만끽할 수 있으며, 낮잠 자기도 좋고, 몰래 뜯어먹기 좋은 것도 널려 있기 때문이다. 그래서 어디 숨어 있는지 모를 때면 내가 "야 집토끼 어디 있냐. 나와 봐!" 하고 부르면 어디서 쏙 얼굴을 내밀고 나타난다. 용하게 내 말을 알아듣는다. "밥 먹자" 하는 소리와 함께 알팔파 사료나 해바라기 씨를 들고 가면 좋아서 이리 뛰고 저리 뛰고 사료 든 봉지를 향해 기어오르고 난리를 친다. 어릴 때부터 급수기로 물을 먹여 버릇한 때문인지 사람들 앞에 얌전히 앉아 물을

빨아먹는 모습이 마냥 귀엽기만 하다. 토끼로 인해 얻은 것이 많지만, 무엇보다 집안이 밝아지고 화기애애해졌다. 식구들 간의 즐거운 대화도 많이 늘어났다.

비둘기 한 마리가 매에 쫓겨 비명을 지르면서 자비심이 지극한 왕의 품으로 날아들었다. "그 비둘기는 내 저녁거리입니다. 돌려주시오." 매가 그렇게 말했지만 왕은 거절했다. 그러자 "자비심 많은 왕이 내게는 자비를 베풀지 않고 내 먹이마저 빼앗는다는 말입니까?" 하고 매가 말했다. 이 말을 듣고 난처해진 왕은 자신의 다리 살을 베어 매에게 주었다. 그러나 매는 비둘기와 똑같은 무게의 살덩이를 요구했다. 왕은 다른 쪽 다리의 살마저 베어 두 덩이를 합쳐 달아보았다. 그러나 그것도 가벼웠다. 양쪽 발꿈치, 양쪽 엉덩이, 양쪽 가슴의 살을 베어서 달았지만 어찌된 일인지 베어낸 살이 비둘기의 무게보다 가볍기만 했다. 마침내 왕은 자신의 온 몸을 저울에 올려놓으려다 힘이 다해 쓰러지고 말았다.

《대지도론(大智度論)》에 나오는 이야기다. 새의 목숨의 무게나 사람의 목숨의 무게나 생명의 소중함에는 경중이 있을 수 없다는 걸 말하고자 하는 이야기다. 목숨은 하나이고, 그 하나뿐인 생명의 소중함은 사람이나 미물이나 마찬가지다. 우리가 작은 짐승 하나라도 소중히 여겨야 하는 까닭이 여기에 있다.

 어쩌다 토끼와 내가 눈이 마주치면 서로 빤히 쳐다본다. 토끼는 무슨 생각을 하며 나를 바라보고 있을까. 나는 "너로 인해 참으로 오랜만에 생명이란 무엇인가를 다시 생각한다" 하고 말한다. 좀 더 커서 제 스스로를 지킬 만해 보이면 산에다 풀어놓아 주자고 아내는 말한다. 나도 그러자고 하면서도 자꾸만 이 핑계 저 핑계로 시간을 질질 끌고 있다.

내 행복
남의 불행

내 행복 때문에 다른 사람이 불행해질 때가 있다.

내가 승리하였기 때문에 다른 사람이 땅을 치며 통곡할 때가 있다. 내가 감격과 환호성과 박수와 꽃다발에 묻혀 펄쩍펄쩍 뛰는 동안 수치와 굴욕과 절망으로 뼈마디가 부서져 나가는 듯한 아픔을 겪으며 울부짖는 사람이 있다. 내가 최고의 자리에 올라 축복처럼 쏟아지는 햇빛 아래서 월계관을 쓰고 서 있는 시간에 다시는 일어설 수 없는 패배의 그늘에 던져진 채 인생이 끝나버리는 사람이 있다.

내가 모차르트처럼 일찍이 최고의 찬사와 화려한 조명을 받을 때 나로 인해 살리에리처럼 독을 품고 원한이 쌓여 가는 사람이 있다. 내가 의도한 바는 아니었으나 나로 인해 비롯된 시기와 원망이 독화

살이 되어 나를 향해 날아오는 날이 있다. 내게 황금의 훈장을 가져다주었던 교향곡들이 진혼곡, 레퀴엠이 되어 나를 쓰러뜨리는 날이 있다.

　내 기쁨으로 인해 눈물 흘리며 통곡하는 사람이 있다면 내 기쁨의 일부는 그를 위로하기 위해 돌려져야 한다. 내 안락함이 고통받는 많은 사람의 땀으로 인해 주어진 것이라면 나는 안락함을 버려야 한다. 내가 얻은 영광이 다른 사람들의 고통 위에 세워진 동상과 같은 것이라면 허물어버릴 수 있어야 한다. 내가 받은 박수가 다른 사람들의 치욕을 통해서 얻어진 찬사였다면 되돌려주어야 한다.
　나의 행복으로 인해 다른 사람이 불행했다면 언젠가 나는 또 다른 사람에게 행복을 빼앗기고 그 옛날 불행했던 사람의 자리에 쓰러져 울부짖는 날이 올 것이다. 내 승리가 다른 사람의 원한에 사무친 것이었다면 나 역시 쓰러져 패배한 채 가슴에 한을 품고 살아가는 날이 오게 될 것이다. 내가 차지한 자리가 남의 인생을 짓밟고 얻은 것이라면 나도 언젠가는 가진 것을 모두 잃고 처참한 모습으로 자리에서 쫓기듯 물러나는 때가 오게 된다. 그것이 인간사의 원리이다.
　승리를 나누어 가질 수 있는 사람이 되어야 한다. 함께 웃을 수 있는 사람, 영광의 관을 패자의 머리에도 씌워줄 수 있는 사람이 되도록 해야 한다. 불행을 함께 나눌 수 있는 사람이어야 한다. 함께 슬퍼하고 진심으로 같이 눈물 흘릴 수 있는 사람이어야 한다.
 혼자만 잘해서 자기 혼자 성공하는 사람은 내 행복의 그늘에 가린 남의 불행을 잘 모른다. 그러나 내가 아파 보았던 사람은 남의 아픔을 안다. 내가 처절하게 절망스러웠던 사람은 남의 절망을 안다. 함께 행복해지기 위해 남의 처지를 헤아릴 줄 아는 사람이 진정으로 승리하는 사람이다.

나에게
함부로
대하는 사람

밤바람이 나뭇가지를 심하게 흔든다. 나뭇가지를 흔드는 바람에 맞서, 있는 힘을 다해 자신을 지키려는 나뭇가지가 있는가 하면 바람에 자신을 전부 맡겨버린 가지도 있고, 바람과 맞서다 부러지는 가지도 있다. 네가 나를 흔들면 나도 너를 그냥 두지 않겠다고 몸부림과 아우성을 치다 생살이 갈라지듯 마른 뼈가 부러지듯 그렇게 찢어지는 가지가 있다.

살다 보면 나에게 함부로 대하는 사람이 있다. 인간에 대한 예의도 없고 아무리 생각해 보아도 막무가내인 사람을 만나는 경우가 있다. 말과 행동이 거칠고 사리에 맞지도 않고 막돼먹은 사람에게 수모를 겪을 때가 있다. 아랫사람 중에 그런 사람이 있고 윗사람 중에도 그런 사람이 있다. 가까운 사람 중에도 그런 사람이 있고, 처음 만나는 사람 중에도 그런 사람이 있다. 처음 만난 사람이야 다시 안 만나면 그만일 수도 있지만 늘 함께 지내야 하는 사람 중에 그런 사람이 있으면 여간 견디기 힘들지가 않다.
《맹자》에 보면 이런 말이 나온다.

사람이 내게 함부로 덤빌 때는 내가 사랑이 모자랐던가, 아니면 예의가 모자랐던가를 살펴 고친다. 그런데도 다름이 없으면 스스로 충성됨이 모자랐던가를 반성한다. 그래서 잘못이 없다고 생각되는데도 함부로 덤비면 이것은 새, 짐승과 같은 것이다. 금수를 어찌 상대할 것이며 또 어찌 나무라겠는가.

똑같이 맞서다 보면 똑같은 사람이 되는 경우가 있다. 바람에 맞서다 찢어지는 나뭇가지처럼 크게 상처받기도 한다. 나도 똑같이 그런 사람이 되지 않으려면 맹자는 우선 자신을 살펴보라고 한다. 사랑이 모자랐던가, 아니면 예의가 모자랐던가, 스스로에게 물어보라는 것이다. 그리고 나서 예의를 갖추어 대하거나 사랑으로 대하였음에도 역시 사람을 대하는 태도가 달라지지 않으면 상대방에게 충직하고 성실하지 못한 태도로 대하지는 않았나를 살펴보라는 것이다. 그렇게 태도를 바꾸어도 마찬가지로 거칠고 야비하다면 그건 금수처럼 대해 마땅하다고 성인인 맹자도 말한다. 그러고는 무시해 버리라는 것이다.

  내게 함부로 하는 사람을 대하는 세 가지 단계 중에서 첫 번째 단계가 사실은 가장 어려운 단계이다. 사랑으로 다시 그를 대하고 화를 참으며 인내하고 다시 예의를 갖추어 대하는 일은 쉬운 일이 아니다. 차라리 바로 세 번째 단계로 들어가는 것이 복잡하게 얽힌 감정을 쉽게 푸는 길이기도 하다. 그러나 내가 그를 금수로 대한 만큼 그도 나를 짐승처럼 여기는 태도를 바꾸지 않는다는 점을 감수하지 않으면 안 된다. 짐승으로 대하는 방법은 적극적, 공격적으로 맞서는 자세인데 비해 사랑과 예의를 갖추는 방법은 소극적이요 방어적이며 자신감 없는 태도처럼 보일 수도 있다. 그러나 내가 동물이 될 것인가 사람이 될 것인가 하는 그런 선택이기도 하니 어찌 해야 할 것인가.

그대에게
나는 지금
먼산이요

아침에 김용택 시인의 시 〈먼산〉에다 범능 스님이 곡을 붙인 노래를 듣다가 주르르 눈물을 흘렸다. 몇 해 전엔가 칠장사에 갔다가 거기서 수행 중인 스님을 우연히 만나 옥수수와 차를 맛있게 얻어먹은 적이 있었는데 요즘엔 대전에 머물고 있다고 하시며 김용택 시인의 시와 내 시에다 곡을 붙여 음반을 만들었으니 들어보라고 하며 보내왔다.

그대에게 나는 지금 먼산이요
꽃피고 잎 피는 그런 산이 아니라
산국 피고 단풍 물든 그런 산이 아니라

그냥 먼산이요

그대에게 나는 지금 먼산처럼 있다는 구절 때문에 눈물이 났다. 가까이 있는 사람과의 거리가 먼산처럼 느껴지는 아침이었다. 꽃이나 잎이 피는 그런 산이 아니라 먼 거리에 떨어져 침묵하고 있는 산, 가까이에서 살아 숨 쉬는 모습을 볼 수 있는 산이나 나와 함께하는 산이 아니라 함께할 수 없는 산, 그런 산처럼 있는 사람을 생각하면서 가슴이 아팠다.

저잣거리에 사는 동안 사람을 가장 가슴 아프게 하는 것도 사람이다. 한때는 소나무 옆에 잣나무 있듯이 그렇게 서서 어깨를 기대고 서로의 그늘이 되어주고 버팀목이 되자고 했던 사람이 어느새 서로에게 실망하고 돌아서고 미워하며 바늘잎으로 서로를 찌르며 살아간다. 서로에게 기대하던 것을 채울 수 없어 답답해하다 서로를 원망의 칼로 베어 상처 내고 그 피가 여울을 적시며 흘러가는 것처럼 느껴지는 때가 있다.

나는 옳고 상대는 그르다는 생각이 깊어 분노로 자신을 태우고 상대를 태우고 그냥 두면 숲 전체를 다 태워버릴 것 같은 날이 있다. 가장 가까운 사람에게 가장 많은 상처를 받고 가장 슬프게 우는 삶을 살면서 괴로워한다. 뜨거운 인연으로 만났다가 악연을 만들어가지고 돌아서는 어리석은 삶을 사는 동안 나는 오늘도 얼마나 많은 악업을 짓는 것일까.

'어리석은 사람은 오직 남의 악만 볼 뿐 자신의 악은 보지 못하며, 자신의 선만 볼 뿐 남의 선은 볼 줄 모른다'는데, '자신의 지혜를 자랑하는 자는 지혜 있는 사람이 아니며, 똑똑하다고 자처하는 자는 오류가 많으며 모든 경전을 다 안다고 장담하는 자도 믿을 것이 못된다'고 《법률 삼매경》에서는 말하는데, 우리는 상대의 잘못만 가지고 분노하고 자신의 선한 면만 온갖 지식을 동원하여 주장하며 칼날을 세운다.

나는 언제나 정당하고 상대는 언제나 그르고 잘못된 점이 많다고 믿는다. 내가 너 때문에 아프다고 하면 아플 이유가 어디 있는지 대보라고 따지기만 한다. 내가 납득할 수 없다고 하더라도 상대가 아프면 아픈 것이다. 아프니까 아프다고 하는 게 아닌가. 왜 아프냐고 공박할 게 아니라 아픈 곳을 치유할 궁리를 더 해야 하는데도 말이다.

떠나야겠다고 하면 뭐가 부족해서 떠나느냐고 소리를 친다. 그가 떠날 수밖에 없는 이유가 있을 텐데 말이다. 내가 모른다고 큰소리칠 것이 아니라 그가 어디에 있어야 행복할 수 있는지를 헤아리지 않고 말이다.

우리는 언제나 잠시 함께 있는 것인데도 말이다. 인연이 다 하면 반드시 그 인연은 풀어져 흩어지게 되어 있는데 말이다. 바람 같은 걸 붙들고 집착하지 말아야 하는데 말이다. 알면서도 왜 그게 정작 내 문제가 되면 아는 대로 행하게 되지 않는 것일까. 고통의 바다를 건너갈 나룻배 한 척 아직 마련하지 않았기 때문일까.

운명의 길은 늘 준비한 다음에 오는 것이 아닌데도 말이다. 생각하면 생각할수록 내가 얼마나 어리석은지 그것 때문에 마음이 더 아파서 앞으로 가야 할 발길이 떨어지지 않는다.

짐승에게도 배울 게 있다

　우리 집 산토끼 토돌이를 만난 게 지난겨울이니까 같이 지낸 지 일곱 달쯤 되었다. 그런데 조금 크고 나니까 문제가 생겼다. 전선이나 책, 끌신이나 운동기구 받침대를 갉아놓는 것이다. 외출했다가 돌아오는 문소리가 나면 창가로 와서 빠끔히 쳐다본다. 하루 종일 베란다에서 얼마나 지루하고 무료할까 하는 생각을 하니 안됐다. 더 큰 문제는 발정기가 되니까 내 다리에 네 발로 매달려 몸부림을 치는 것이다. 저도 어쩌지 못하는 본능적인 몸부림을 쳐다보고 있으려니 딱하기 그지없다.
　그래서 내가 가 있는 산방에 데려다 풀어놓기로 했다. 산방 마당에는 씀바귀, 민들레잎, 질경이, 띠풀이 가득해 먹을 게 천지다. 안전

한 고립보다 불안하지만 자유를 주는 게 낫다고 생각했다. 풀어놓으면 바로 산으로 들어가 버릴 줄 알았더니 집 근처 구석진 곳에서 자면서 거기서 논다. 그러나 본디 숲에서 가장 약한 짐승인지라 내가 마당에 나오기 전에는 낮에도 마루 밑 같은 곳에 몸을 숨기고 있다. 자유롭기는 하나 본능적으로 약자로서의 두려움을 느끼고 있는 것 같았다. 저녁이면 족제비 살쾡이가 다녀가고, 새벽에는 산고양이가 마당까지 왔다가는 날도 있다. 고라니 식구들도 함께 사는 산이다.

궁리를 거듭한 끝에 암토끼 한 마리를 더 데려왔다. 그랬더니 아연 활기가 돌았다. 둘은 금방 친해졌다. 그런데 암토끼와 가까워지면서부터는 언제 그랬느냐 싶게 내게 거리를 두기 시작하는 것이었다. 내 자식들도 크면 저러겠지 하는 생각이 들었다. 새끼 때부터 내가 저를 어떻게 키웠는데 생각하니 한편으론 은근히 서운했다. 거리를 두는 정도가 아니라 대들거나 손발을 물기도 했다. 새끼를 배고 나니까 더 그랬다. 저희들 사는 굴 근처를 지나갈라치면 토끼 주제에 으르렁거리고 경계를 하거나 공격적인 모습을 보인다. 실은 암토끼 토실이는 산방에 올 때 이미 새끼를 가졌던 것 같다. 그러나 토돌이란 놈은 그런 것에 개의치 않고 제 새끼로 생각하며 지키려 드는 게 오히려 대견하다.

저랑 나랑 둘이만 있을 때는 내가 방에서 책을 읽고 있으면 들어오고 싶어서 문을 긁어대곤 했는데, 요즘은 문이 열려 있으면 들어왔다가 내 주위를 빙 둘러보고는 바로 나가버린다. 옛날처럼 무릎 위로 기어오르고 발을 잡고 매달리고 하는 대신, 턱밑으로 내 발을 쓴 한 번 문지르고는 지나쳐버린다. 토끼는 턱밑에 분비샘이 있어 턱을 문질러 냄새를 묻히는 것으로 제 영역이나 저와 관계가 있는 것임을 표시한다. 제 주인과의 관계를 완전히 끊지는 않지만, 적당한 선에서 불가근불가원(不可近不可遠)의 거리를 유지하며 살기로 한 것 같다.

어쨌거나 집을 벗어나지 않으면서 살고 있고, 멀리 있다가도 내가 저를 부르는 소리를 알아듣고 달려오곤 하니 서운하지만 그런 대로 같이 지낸다.

미국의 유명한 작가 필립 시먼스 교수는 '우리가 야생에 대해 흔히 갖고 있는 개념(잔인성, 광란, 무절제)은 실제 야생 동물과는 거의 무관하다'고 말한다. '내가 아는 동물들은 자제력이 없기는커녕 자제력의 본보기다. 우리가 야생동물한테서 가장 흔히 관찰하는 것은 조용하면서도 확실한 목적을 가진 의식, 부러울 정도로 기민한 침착성이다 …… 동물은 순결하지도 타락하지도 않았다'고 말한다.

우리가 만약 동물처럼 산다고 하면 그건 어떻게 사는 것을 의미할까. 그것은 우리 삶의 목적을 의심하지 않고 사는 것을 의미한다고 그는 말한다. '날마다 먹이를 찾아다니거나 먹기 위해, 자식을 보호하거나 돌보기 위해 게으름을 피우거나 일하기 위해…… 자기 판단도 하지 않고, 삶의 진정한 길에서 한 걸음도 벗어나지 않고 사는 것을 의미할 것이다. 고통과 공포에 직면해서도, 죽음의 어두운 골짜기를 지나갈 때에도, 이것 또한 내가 갈 길이라고 믿고 살아가는 것을 의미한다'고 필립 시먼스는 말한다.

토끼 한 마리에게서 '안신(安身)의 철학'을 배우기도 한다. 토돌이네 식구들에게도 장맛비 내리고 혹한과 눈보라 몰아치는 날들이 기다라고 있을 것이다. 저보다 더 센 짐승의 위협으로부터 자신과 새끼들을 지켜내야 하는 어려움이 있을 것이다.

비가 내리는 오늘 아침, 그들에게도 내 자식들에게도 안신의 삶, 평화로운 삶이 함께하길 바란다.

좋은 사람, 도종환

언제나 먼저 지는 몇 개의 꽃들이 있습니다.
아주 작은 이슬과 바람에도
서슴없이 잎을 던지는

뒤를 따라 지는 꽃들은
그들을 알고 있습니다.

아이들과 함께 꽃씨를 거두며
사랑한다는 일은 책임지는 일임을 생각합니다.

사랑한다는 일은 기쁨과 고통, 아름다움과 시듦, 화해로움과 쓸쓸함
그리고 삶과 죽음까지를 책임지는 일이어야 함을 압니다.

시드는 꽃밭 그늘에서
아이들과 함께 꽃씨를 거두어 주먹에 쥐며

이제 기나긴 싸움은 다시 시작되었다고
나는 믿고 있습니다.

아무것도 끝나지 않았고
삶에서 죽음까지를 책임지는 것이
남아 있는 우리들의 사랑임을 압니다.
꽃에 대한 씨앗의 사랑임을 압니다.

- 도종환의 시 〈꽃씨를 거두며〉 전문

    이 시 속에는 도종환의 모든 것들이 다 숨어 있다. 아니, 이 시 속에 도종환의 모든 것들이 다 드러나 있다. '사랑과 책임'이라는 아름답고도 막중한 무게를 지닌 이 두 말은 우리들을 때로 숨 막히게 한다. '꽃씨를 따서 쥔' 주먹 때문에 나는 이 시를 읽고 울컥 운 적이 있었다. 그리고 어느 날 이 시를 다시 읽고 나는 이런 글을 썼다. '햇살이 좋은 가을날 아이들 속에서 아이들과 함께 이야기를 하며, 허리 굽혀 꽃씨를 거두는 선생님, 선생님, 우리들의 선생님! 도종환 선생님을 사랑합니다.' 나는 이 시를 읽을 때마다 눈시울이 더워져 온다. 도종환, 그는 그렇게 '사랑과 책임'을 가진 우리 시대에 보기 드문 시인이며, 교사이고, 그에 앞서 좋은 사람이다. 도종환, 그는 이 두 마디를 버리지 못해 고통받고 괴로워하고 있는 사람이기도 하다.

문단에 나간 지 20여 년이 다 되어 가지만 나는 문인들과 인간적인 허물들을 주고받으며 문학과 인생에 대해 깊이 속내를 주고받은 사람이 몇 되지 않는다. 서울에 사는 문인들과 하루를 지낸 사람이 극히 드물다. 아니, 하루가 아니라 개인적으로 그 사람의 진면목을 볼 수 있는 시간을 몇 시간이라도 가진 사람이 극히 드물다. 나는 글만 알지 그 사람(?)은 전혀 모르고 살고 있다. 글을 알면 되지 않느냐고 하지만 사람 다르고 글 다른 사람이 얼마나 많은가.

도종환을 안 지도 참 오래되었다. 내 시집《섬진강》과 그의 시집

《고두미 마을에서》가 같은 무렵에 나와서 우리들은 그때 마포 어디에서 만난 것 같다. 그때 이후로 우리들은 간간이 만났지만 서로 그냥 그렇게 지냈다. 그는 전교조에 적극적이었고 나중에 해직이 되었다. 그리고 세월이 흐른 후 우리들이 자주 만나게 된 것은 '나팔꽃'이라는 시 노래 모임이 생기고 나서부터다. 우린 자주 만나게 되었다. 시인들이 자주 무대에 서는 일에 대해 어쩐지 이상하다는 생각을 하면서도 우리들은 이 무대 저 무대에서 만나 서로를 조금씩 알아가게 되었다.

그러면서 나는 그가 진실한 시인이고, 그가 진정한 교사이며, 자기 자신과 한 시대를 책임지고 사는 진실한 사람이라는 것을 믿게 되었다. 나는 그의 정치적 견해나 행동보다도, 그의 시적인 진실보다도, 나는 그의 인간됨을 더 믿게 되었다. 도종환은 약하디 약한 심성을 지닌 순 촌놈이라는 것을 알게 된 것이다. 그는 촌놈들만이 지닌 투박하면서도 든든한 믿음을 갖고 있었다. 촌놈들은 다 편하다. 아무 논두렁이나 편하게 퍼질러 앉을 줄 아는 촌사람들은 맺힌 구석이 없이 둑 터져 있고 세상천지로 마음이 다 열려 있다. 그런 사람들은 다치기 쉽고, 아프기 쉽다. 그가 태어나 자란 곳이 도시일지라도 도종환에게서는 촌사람의 편안함이 느껴졌다. 만나면 반갑고, 안 보면 나는 그가 생각이 난다. 그가 괴로우면 나도 괴로울 것 같고, 그가 기뻐하면 나도 그만큼 기쁠 것같이 나는 그가 좋아졌다. 세상에서 진실이 통하는 한 사람을 가진다는 것은 행복한 일이다. 그는 지금 그 좋아하는 학교를 쉬고 있다. 휴직 중인 것이다. 그가 몸이 아파 학교를 휴직하겠다고 했을 때 나는 너무 가슴이 아팠다. 그의 심신은 지친 것이다. 숨 가쁘게 달려 저 험난한 세월의 무게가 그를 눌렀을 것이다. 다른 이들이 그 무거운 짐들을 훌훌 벗어 던져버리고 편하게들 잘도 사는데, 그는 그러지 못 하는 사람이다. 그가 싸우며 살아왔던 저 수많은 날들, 그가 꿈꾸던 세상, 그 수많은 외침들이 빈 들판의 찢어진 비닐처럼 흩날리는 것을 그는 차마 견디지 못했을 것이다. 그는 그만큼 자기에게 충실하고 세상에 정직하고 사람들에게 진실한 사람이다. 그는 지난날 수많은 사람들이 외쳤던 그 뜨거운 말들을,

다 식어버린 마당을, 아픈 몸을 이끌고 걷고 또 걷는다.

　이번엔 그가 아픈 몸을 이끌고 속리산 부근에서 몸과 마음을 다스리며 깊은 사색과 명상에서 건져올린 아름다운 산문들을 묶어냈다. 나는 그가 지금 무슨 생각에 젖어 있는지, 그의 아픔이 어디에서부터 연유했는지 잘 모른다. 그러나 그의 산문들은 한 편 한 편이 다 자연의 무구함에 깊이 가 닿아 있다. 나무를 보면 나무가 친구가 되고 개미를 보면 개미가 친구가 된다. 대지를 뚫고 돋아나는 풀잎들을 보며 홀로 기뻐하는 그의 모습을 나는 생각한다. 무심한 바람과 바람 앞에 흔들리는 나뭇가지를 보며 무심함이 가져다준 저 적막한 시간들을 그는 견디는 것이다.

　아침에 찻물을 끓이려고 주전자를 가스레인지 위에 올려놓고 불을 붙이는데 개미가 한 마리 툭 떨어진다. 잠시 무심하게 개미를 바라보다가 아차 싶었다. 개미가 불의 열기 때문에 죽을 수 있겠구나 하는 생각을 하면서 얼른 불을 끄고 주전자를 옆으로 옮겼다. 손가락으로 건드려보니 아직 죽지는 않은 것 같다. 그래서 밖으로 들고 나가 개미굴 입구에다가 내려놓아 주었다. 입구에는 다른 동료개미들이 많이 오가고 있으니까 살 길이 있으리라 싶었다.

- 도종환 〈대지에 절해야 한다〉 중에서

　섬세한 한 편의 산문시로 읽히는 이 글은 자신의 처지를 그려놓은 것처럼 읽힌다. '동료개미들이 오가는' 곳을 그리워하는, 아니면 우리들이 이루려 했던 세상 그리운 저쪽을 그리워하는 슬픈 그의 모습을 나는 이 글에서 찾아 읽는다. 이 산문집의 모든 글들은 다 그렇게 아름다운 산문시를 읽을 때처럼 마음이 잔잔해지고 차분해지고 행복해진다. 한 편의 산문 속에 우리들이 들어가 그와 함께 자연과 세상을 읽는다. 우리들이 사는 세상에 대한 근본을 질문하게 되고 그답을 또 찾는다. 크고 거대하고 화려한 우리들 삶의 이변에 숨은 가식과 허위를 벗어던지고 자기 자신을 조용히 응시하게 하여 한 그루 나무로 서게 한다. 낡은 말 같지만 참 삶, 참 행복, 참 사랑을 그는 그의 대지 속에서 맑은 샘물로 퍼올려 우리들을 적셔준다. 그 맑은 영혼의 샘물은 달고 시원하다.

이 글을 쓰다 말고 학교 유리창가에 서서 밖을 바라본다. 일곱 명인 우리 반 아이들이 다 감기가 들어 2명만 학교에 왔다. 두 아이도 감기 때문에 시들시들 잠을 잔다. 책상에 얼굴을 박고 잠든 아이들을 내려다본다. 나는 교실과 아이들과 운동장과 교과서와 복도와 아이들의 의자와 책상 그리고 유리창 밖으로 지나가는 계절 들들을 바라보며 한세상을 살았다. 누군가가 나와 같은 세상을 사랑하고 그렇게 살고 싶어하는 사람이 옆에 있다는 것은 행복하다. 나는 도종환이 그런 사람이라고 생각하며 살고 있다. 다시 이 세상에 봄이 오면 빨리 그가 깊은 마음과 몸의 아픔 속에서 훌훌 털고 푸른 나무처럼 물이 올라 씩씩하게 세상으로 걸어 나와 우리들 앞에 환하게 웃고

섰으면 좋겠다. 저 겨울 찬바람 속에서 푸른 생명을 지키고 있는 잔가지들처럼 그도 그의 안에 푸른 생명을 지금 지키고 가꾸어가고 있을 것이다. 그는 아마 그럴 것이다.

좋은 글보다 나는 좋은 사람을 훨씬 좋아한다. 도종환은 글보다 사람이 더 좋다. 좋은 사람의 글을 읽어보면 글재주 글 냄새보다 사람의 냄새가 솔솔 배어 나와 사람들을 취하게 한다. 글 속에서 흘러나오는 사람의 냄새는 진실할 때만 가능하다. 진실은 서툴고 어색해도 따사로운 사랑의 훈김이 서려 있어 사람들을 감동시킨다.

도종환, 그는 우리가 사는 세상에 은은한 사람의 향기를 흘리는 좋은 사람이다.

김용택

사람은
누구나
꽃이다

1판 1쇄 발행 2016년 4월 4일
1판 5쇄 발행 2018년 4월 2일

지은이 도종환

발행인 양원석
본부장 김순미
편집장 김건희
책임편집 박민희
디자인 RHK 디자인연구소 조윤주, 김미선
일러스트 방현일
해외저작권 황지현
제작 문태일
영업마케팅 최창규, 김용환, 양정길, 정주호, 이은혜, 신우섭,
　　　　　　유가형, 이규진, 김보영, 임도진, 김양석, 우정아

펴낸 곳 ㈜알에이치코리아
주소 서울시 금천구 가산디지털2로 53, 20층 (가산동, 한라시그마밸리)
편집문의 02-6443-8859　**구입문의** 02-6443-8838
홈페이지 http://rhk.co.kr
등록 2004년 1월 15일 제2-3726호

ISBN 978-89-255-5878-3 (03810)

※ 이 책은 ㈜알에이치코리아가 저작권자와의 계약에 따라 발행한 것이므로
　본사의 서면 허락 없이는 어떠한 형태나 수단으로도 이 책의 내용을 이용하지 못합니다.
※ 잘못된 책은 구입하신 서점에서 바꾸어 드립니다.
※ 책값은 뒤표지에 있습니다.